FIGURAS DO EXTREMO

Blucher

FIGURAS DO EXTREMO

Organizadoras

Marta Rezende Cardoso

Mônica Kother Macedo

Silvia Abu-Jamra Zornig

Figuras do extremo

Série Psicanálise Contemporânea
Coordenador da série Flávio Ferraz
Publisher Edgard Blücher
Editor Eduardo Blücher
Coordenação editorial Jonatas Eliakim
Produção editorial Kedma Marques
Diagramação Thaís Pereira
Capa Leandro Cunha
Preparação de texto Andrea Stahel
Revisão de texto Samira Panini
Imagem da capa The Burning of the Houses of Parliament, de J. M. W. Turner (1835). Óleo sobre tela, 92.7 x 123 cm

Blucher

Rua Pedroso Alvarenga, 1245, 4º andar
04531-934 – São Paulo – SP – Brasil
Tel.: 55 11 3078-5366
contato@blucher.com.br
www.blucher.com.br

Segundo o Novo Acordo Ortográfico, conforme 5. ed. do *Vocabulário Ortográfico da Língua Portuguesa*, Academia Brasileira de Letras, março de 2009.

Dados Internacionais de Catalogação na Publicação (CIP)
Angélica Ilacqua CRB-8/7057

Figuras do extremo / organizado por Marta Rezende Cardoso, Mônica Kother Macedo, Silvia Abu-Jamra Zornig. – São Paulo: Blucher, 2022.

258 p. (Coleção Psicanálise Contemporânea)

Bibliografia
ISBN 978-65-5506-399-8 (impresso)
ISBN 978-65-5506-395-0 (eletrônico)

1. Psicanálise 2. Sociedade I. Cardoso, Marta Rezende II. Macedo, Mônica Kother III. Zornig, Silvia Abu-Jamra

22-5500 CDD 150.195

Índice para catálogo sistemático:
1. Psicanálise

Conteúdo

Parte III. O extremo na clínica

Apresentação

Marta Rezende Cardoso
Mônica Kother Macedo
Silvia Abu-Jamra Zornig

Em dezembro de 2021, em plena vigência de limitações impostas pela pandemia de Covid-19, aconteceu, de forma virtual, o "Colóquio Internacional: A dimensão do extremo na vida subjetiva". O evento contou com a participação de pesquisadores vinculados a importantes universidades brasileiras (Universidade Federal do Rio de Janeiro, Pontifícia Universidade Católica do Rio de Janeiro, Universidade Federal do Rio Grande do Sul e Universidade de São Paulo) e francesas (Université de Paris, Université Sorbonne Paris Nord, Université Paris Ouest Nanterre La Défense). A partir de rico intercâmbio de estudos e investigações que vêm sendo realizados a respeito da dimensão do extremo na clínica psicanalítica, os participantes discorreram sobre a complexidade do tema, bem como abordaram sua presença nas diversas configurações de demandas à escuta em psicanálise e na organização social, política e econômica contemporânea.

Com base em diferentes perspectivas de abordagem, as figuras da clínica do extremo foram problematizadas graças ao destaque conferido pelos participantes do Colóquio aos elementos que envolvem a subjetividade individual e coletiva. Tratou-se, assim, de um evento que explorou a complexidade inerente a essa temática, reconhecendo sua significativa incidência na clínica psicanalítica e nas configurações subjetivas atuais. Promover questionamento a respeito da atual experiência subjetiva do "mal-estar", seus fundamentos e seus múltiplos destinos, permite relançar com vigor questões essenciais na minuciosa análise de estados clínicos e condições da subjetividade. Nessa direção, a noção de extremo em psicanálise, em articulação com a concepção de limites psíquicos, está a serviço da continuidade e aprofundamento da discussão sobre o transbordamento traumático e a vulnerabilidade psíquica. O extremo produz esgarçamento radical nos limites: limites entre o eu e o outro, limites entre as instâncias psíquicas, limites entre a sobrevivência e a morte, desvelando configurações diversas do entrecruzamento de trauma e excesso.

A motivação para promover a organização deste livro nasceu do reconhecimento da fecundidade do diálogo ocorrido entre os psicanalistas participantes do evento e tem como meta possibilitar a circulação ainda mais ampla de suas produções, bem como incluir produções de outros colegas que se dedicam em seus percursos teórico-clínicos à temática do Colóquio. O livro alinha-se, nessa direção, ao propósito de estimular a continuidade da investigação e do debate acerca da dimensão do extremo em psicanálise, visando uma compreensão depurada sobre o problema do mal-estar na atualidade.

As figuras do extremo e a problemática do mal-estar colocam questões fundamentais à prática psicanalítica. Sob a égide do extremo se desvelam complexas teias que aludem ao abalo psíquico experienciado em histórias de vida, nas quais o encontro com objetos primordiais evidencia a violência e a indiferença. Aniquilamento, desmaterialização, traumatismo são formas distintas de nomear o imperativo do extremo que se expressa mediante circuitos de atos e de condições que apresentam, incessantemente, o que não pode ser representado pelo aparelho psíquico. Trata-se de histórias paradoxalmente narradas sem memórias, sem afetação aparente, nas quais o vivido do sofrimento parece ser impensável e indizível. À vista disso, os registros da sexualidade, da alteridade, do corpo, do ato, têm lugar de relevo na especificidade do trabalho teórico e clínico em psicanálise quando são relacionados ao tema do extremo e dos processos de subjetivação.

No cenário dessas figuras clínicas, a transferência e a contratransferência – condições essenciais da experiência psicanalítica – evocam questões singulares matizadas pela subversão da economia psíquica. Para além da clínica, a precariedade vigente no laço social convoca também à sensibilidade da escuta e à criação nas intervenções. A destrutividade desliza incessantemente, encontrando no sujeito, em si mesmo e no outro, alvos e vias de escoamento e de simbolização. Na precarização dos laços, o estabelecimento da segregação e da massificação instaura-se como condição inegável de fomento a processos dessubjetivantes.

Em suma, o processo de organização deste livro resulta do reconhecimento do rico e fértil intercâmbio entre colegas inseridos em diferentes instituições universitárias francesas e brasileiras por ocasião do referido Colóquio e busca dar sequência à reflexão a respeito da clínica do extremo. Na escrita sobre os impasses instaurados nas fronteiras entre o eu e o outro, no deslizamento de investimentos destrutivos e criativos, os autores abordam temas relevantes a partir de uma perspectiva ampliada e diversa cuja confluência permite articular os planos da subjetividade e do laço social. Nesse entrelaçamento se expressa, demandando trabalho, a incontornável complexidade da temática do extremo para a escuta psicanalítica e sua incessante abertura à elaboração. O processo de escrita cumpre importante função em psicanálise, permitindo a circulação de ideias, o compartilhamento de impasses, o desenvolvimento aprofundado e vigoroso de temáticas complexas e, também, a construção de vias que estimulam o avanço nos estudos. A fim de contemplar uma perspectiva ampliada sobre a temática, o livro *Figuras do extremo* está estruturado em três seções, respectivamente: "Extremo e 'mal-estar'", "Extremo e convocação do corpo" e "O extremo na clínica".

A reflexão sobre a dimensão do extremo é iniciada numa seção com artigos em que se procura articulá-la com a questão do "mal-estar" particularmente no que tange à singularidade dos laços sociais e das formações culturais na atualidade. Em "A civilização posta à prova da violência: violência e exclusão", François Marty aborda a questão da civilização e de seus limites, muitas vezes extremos. É apontada a fragilidade dessa ordem que, pela inescapável luta de forças que a alimenta, encontra-se permanentemente ameaçada de retraimento identitário, seja no âmbito do ego ou dos grupos. Por consequência, há sempre o risco de perdas radicais no exercício da solidariedade entre sujeitos, como demonstrado no curso da História. Hoje assistimos, por exemplo, às violências cotidianas tendendo a esgarçar cada vez mais e violentamente o espaço social, mesmo quando parecem anódinas. O fenômeno da exclusão tem se feito cada vez mais notório, sendo ele também gerador de violência, em potencial e em ato, em diversos níveis. Mostra o autor que, num contexto sem governança há proliferação da instituição de ditaduras, de regimes autoritários. A doutrinação deles paradoxalmente implica a afirmação de um suposto poder de dar conta, dessa forma, dos diversos perigos que ameaçam a coletividade, proposta que coloca em extremo risco a existência do laço social.

Em "Subjetivação, governabilidade e trauma na pandemia do coronavírus: sobre os estados psíquicos extremos", de Joel Birman, acompanhamos a continuidade da análise dessa gama de questões, agora focada no que vivemos na atualidade, desde a pandemia do coronavírus. Nessa reflexão entrecruzam-se as noções de trauma, subjetivação e governabilidade, linhas de força essenciais no que diz respeito à ressonância subjetiva do referido fenômeno, tanto no plano singular como no plano plural. A experiência traumática tem como reguladores efetivos no campo social as subjetivações e as governabilidades. Utilizando o instrumental teórico e clínico da psicanálise, sua metapsicologia e psicopatologia, uma complexa análise é tecida no artigo, no qual se trabalha com ideias apoiadas numa pertinente articulação dentro desse campo, ou seja, o pressuposto de íntima e profunda conjunção dos registros do interior e do exterior. Essa conjunção sustenta uma das principais considerações trazidas no texto, a da importante relação e diferença entre desamparo e desalento, remetendo mais uma vez o leitor para um exame da dimensão coletiva da experiência da pandemia, a qual se manifesta nos registros político, social, econômico e ecológico, tendo em vista a conjugação entre as diferentes formas de subjetivação e aquelas próprias à governabilidade.

Na sequência, Daniel Kupermann, em "Os negacionismos e a desresponsabilização: *um* Brasil contra a civilização" elabora contundente análise psicanalítica concernente à experiência coletiva da pandemia, mais especificamente no que a realidade brasileira apresenta como singular. Assim, a dimensão do negacionismo é posta em evidência a partir de um olhar que se volta para elementos relativos à dinâmica pulsional, tendo em vista sua articulação com as motivações políticas que conduziram a tal situação, a qual se pode considerar efetivamente *extrema*, atingindo os sujeitos brasileiros de maneira particular. Para elaborar o fenômeno dos negacionismos nesse contexto, o autor se apoia na noção de *Verleugnung*, considerando-a não apenas processo intrapsíquico individual, mas processo operado no campo social, político, relacional, numa vertente, portanto, sociopolítica do traumático, inspirada, no entanto, na fértil noção ferencziana de desmentido.

No artigo "Novo retorno do traumático na psicanálise hoje: além do mal-estar?", a proposta de Marta Rezende Cardoso é mostrar que, após longo período de latência, o traumático faz retorno na obra de Freud, dessa vez entrecruzado com o narcisismo e com a pulsão de morte, vindo a culminar na ideia de um incontornável "mal-estar na civilização". Sustenta a autora que hoje assistimos a um novo retorno do traumático na psicanálise, vendo-se esta novamente confrontada com a face demoníaca que habita o psiquismo, sendo que agora isso se dá pelo incremento de figuras clínicas, do ponto de vista da psicologia individual e coletiva, do excesso e do trauma, configurações subjetivas limites especialmente marcantes na atualidade. A autora busca avançar na compreensão desse movimento, de natureza clínica e teórica, com ênfase no problema do mal-estar, na singularidade que hoje comporta.

Essa seção do livro é finalizada com o artigo "(Des)subjetivação, migração e refúgio: reflexões psicanalíticas", no qual Cristiano Dal Forno, Rita de Cássia dos Santos Canabarro e Mônica Kother Macedo abordam a temática das diásporas contemporâneas enfatizando aportes psicanalíticos sobre o estranho, a pulsão de morte e o narcisismo. Os autores desenvolvem uma articulação teórica sobre a autoconservação da vida e a autopreservação do eu, explorando processos e condições mediante os quais a realidade pode vir a instituir ou destituir formas de subjetivação. As situações traumáticas, marcadas pela violência e pelo desfavorecimento social, nas quais estão implicados os migrantes e os refugiados, são problematizadas no intuito de que a psicanálise proponha uma discursividade possível e crítica acerca da violência endereçada ao estrangeiro.

A segunda seção da coletânea é dedicada à relação entre extremo e registro do corpo, sendo iniciada pela contribuição de François Pommier: "Lugar da doença grave no tratamento psicanalítico". A partir de considerações teóricas e da análise de vinhetas clínicas o autor aborda questões que tocam profundamente na relação fronteiriça entre esfera corporal e psíquica. São questões fundamentais da psicanálise, da psicopatologia da vida cotidiana e de todos os níveis, inclusive aquelas cujo ponto de apoio/desvio se localiza nas afecções extremas do corpo somático. Busca-se entender melhor a singularidade do somático que nos constitui, de que modo este se destaca do biológico, e, sendo assim considerado, é importante objeto da escuta psicanalítica. Trata-se de apreender o lugar do registro somático na construção das experiências psíquicas, tópico que se desdobra na tentativa de esclarecer a particularidade da clínica de sujeitos com doença somática grave, que, muitas vezes, resulta na ameaça de que esse registro venha para o primeiro plano.

A questão das fronteiras entre o somático e o psíquico é também explorada no artigo de Diana Borschiver Adesse e Marta Rezende Cardoso, "Maternidade: da crise traumática à dimensão do extremo". O objetivo das autoras é examinar a problemática da maternidade para além de sua dimensão de fenômeno biológico, buscando compreendê-la na qualidade de fenômeno subjetivo; mais ainda, como uma experiência subjetiva constitutivamente traumática. A questão do complexo encontro fronteiriço entre corpo instintual e corpo pulsional, correlativamente à fundamental fronteira existente entre o eu e o outro, não cessa de interrogar a psicanálise sobre as potencialidades, limites e entraves para aquela que vive essa multifacetada experiência psíquica na qual o corpo físico é convocado com incomparável força. De acordo com as hipóteses desenvolvidas no texto, a maternidade constitui um estado de "loucura ordinária", de caráter inescapável, mas que, em determinados casos, pode assumir caráter extremo em que o traumático já configura uma vivência de "loucura extraordinária", de tipo desestruturante.

Essa mesma linha, marcada pela presença do traumático, encontra eco no artigo de Natália de Oliveira Cidade e Silvia Abu-Jamra Zornig: "Automutilações na adolescência: reflexões sobre o corpo e o tempo". Seu objetivo é analisar o fenômeno das automutilações na adolescência a partir da articulação da esfera do corpo à dimensão arcaica do tempo. É por meio do corpo que se manifesta um sofrimento que ultrapassa os limites psíquicos do sujeito, encontrando uma via de expressão radical daquilo que o faz sofrer, sendo que o caráter radical dessa resposta aponta para a complexidade dos primórdios da constituição psíquica. Nesse cenário, as autoras propõem compreender as automutilações na adolescência como uma via relativa ao atual, à presentificação do traumático, mediante a qual algumas vivências da ordem do arcaico se apresentariam. Essas vivências conjugariam, em um curto-circuito do tempo, passado e presente, abrindo caminhos para a ressignificação de vivências irrepresentáveis.

A terceira seção do livro oferece contribuições dedicadas a diferentes figuras do extremo. No primeiro artigo, de Vincent Estellon, intitulado "Clínica do sexual extremo", a temática abordada nos interroga sobre a questão do extremo quando incidente de modo concreto e violentamente direto no exercício da vida sexual. Essa reflexão, trazendo, inclusive, detalhada análise clínica, é dedicada especificamente ao que estaria na base e no modo de funcionamento psíquico de sujeitos em uma nova prática sexual compulsiva atuada – o chamado *chemsex* (sexo químico). Na França e em outros países, nas grandes metrópoles, esse fenômeno vem ocorrendo com crescente frequência. Trata-se da realização de orgias entre homens gays jovens, com duração ininterrupta ao longo de alguns dias, encontros sexuais em que, mediante o uso de substâncias psicoativas, suas compulsões e sensações sexuais são prolongadas ao extremo. No plano metapsicológico esse fenômeno remete às diferentes máscaras da pulsão de morte. A resistência sexual dos corpos promove transe frenético, uma intoxicação pelo sexual, mas que paradoxalmente nos fala da busca desesperada pela reanimação de uma sexualidade que agoniza.

Numa outra vertente da dimensão do extremo na subjetividade, Flavio Ferraz se debruça sobre a figura da psicose em "A radicalidade da experiência psicótica", num ensaio no qual a presença da escuta e do manejo clínico é muito significativa. Por meio da apresentação de algumas vinhetas, são apresentados fragmentos de vivência e de pensamentos capazes de traduzir alguns elementos da experiência do próprio autor na clínica psicanalítica que exerce com pacientes psicóticos. Suas considerações são balizadas por ferramentas teóricas cuja elaboração, sobretudo sua expansão, favorece um *insight* teórico que vem iluminar a compreensão desse tipo de experiência subjetiva. Como figura clínica, a psicose, por sua radicalidade, pode ser situada nesse campo da subjetividade em que a dimensão do traumático e do extremo insiste – nesse caso, por se tratar de um sujeito atravessado de maneira violenta pelo outro.

A partir também de aportes psicanalíticos sobre trauma, ato e dor psíquica, em "Decifro-me ou me devoro: dor psíquica e autodestrutividade", Mônica Kother Macedo explora a figura clínica extrema da tentativa de suicídio, por meio de minuciosa análise de uma vinheta clínica. Compreende-se que, nessa modalidade de tentativa de suicídio, há uma passagem ao ato que denuncia uma situação de dor psíquica, na qual o eu, atacado por intensidades traumáticas, põe em risco sua existência. Dessa forma, a autora desenvolve reflexões sobre a escuta psicanalítica diante da figura do extremo apresentada em atos autodestrutivos.

A questão da violência, numa outra perspectiva, é também objeto do artigo "Quando o brincar perde sua função de transicionalidade: reflexões acerca do impacto da violência na constituição psíquica", de autoria de Silvia Abu-Jamra Zornig. No texto são diferenciadas as ideias de pobreza, precariedade humana e precariedade social. É ressaltado que, enquanto a pobreza é designada arbitrariamente dependendo de uma determinada cultura, a noção de precariedade pode ser pensada em uma dupla vertente: como parte da constituição humana na figura da dependência absoluta do recém-nascido aos seus cuidadores e como relacionada à exclusão social. Nesse caso, ao sujeito é colocado o risco de minar sua confiança no laço social e com isso a possibilidade de este se projetar no futuro. O artigo se dirige à clínica de crianças submetidas diariamente a uma situação de guerra declarada entre um Estado ausente – no que concerne aos serviços básicos a essa população – e o poder paralelo do tráfico de drogas nas favelas. Com apoio em noções teóricas e na clínica psicanalítica, em sua vertente ampliada, é sublinhada a importância de uma reflexão acerca do trabalho terapêutico e do trabalho interno diante dos impactos traumatizantes e dos sintomas apresentados por grande número dessas crianças.

Concluindo esta apresentação, reafirmamos os efeitos estimulantes do Colóquio ocorrido em dezembro de 2021, do qual a reverberação, desdobramentos e aprofundamentos oferecidos no material deste livro constituem um vivo testemunho. Convidamos à leitura de seus capítulos, resultantes de percursos teórico-clínicos de psicanalistas e pesquisadores que reconhecem ser a receptividade às permanentes interrogações demandadas à psicanálise um importante estímulo à criação de novas vias de reflexão.

Parte I

Extremo e “mal-estar”

1. A civilização posta à prova da violência: violência e exclusão[1-2]

François Marty

Tradução: Pedro Henrique Bernardes Rondon (Abepps)

Todos descendemos de uma longa linhagem de assassinos.

Freud (1915)

A violência faz parte da vida. A violência constitui sua energia e, por essa razão, precisa ser orientada. De fato, a violência é cega e sua força tanto pode destruir quanto se colocar a serviço da criatividade. Renunciando à satisfação primária para visar a outros objetivos mais elevados, a cultura dá ao homem os recursos para construir a si mesmo. Entretanto, esse trabalho tem um custo que, para alguns, é proibitivo. É preciso de fato ter adquirido a capacidade de tolerar a frustração para aceitar adiar seu prazer e pretender minorar sua onipotência para se aliar com os outros. A fragilidade narcísica, ao contrário, empurra sempre para diante a

---

1 Conferência realizada no Colóquio Internacional "A dimensão do extremo na subjetividade", promovido pelo Programa de Pós-graduação em Teoria Psicanalítica da UFRJ e pela PUC-Rio em 3 de dezembro de 2021.

2 Artigo publicado anteriormente em: Marty, F. (Org.) Violences. Une passion de détruire. Paris: InPress, 2020.

necessidade de destruir o outro, vivido como ameaça. A civilização é frágil e demanda a máxima vigilância para evitar que a lei do talião tome a dianteira. Adotar a divisa de "cada um por si e Deus por todos" favorece o retraimento identitário e acentua as aspirações nacionalistas e xenofóbicas, em detrimento da busca de soluções de solidariedade.

A violência originária

Os grandes relatos míticos falam das origens, do longo caminho que o homem teve que percorrer para se humanizar, e a história que contam pode ser escutada como resposta a uma pergunta que nunca seria colocada. Interpretar um mito então remeteria a encontrar a pergunta à qual o mito responde (Dumézil, 1968, 1971, 1973).

A *Ilíada* e a *Odisseia* fazem parte desses grandes textos que relatam elevados feitos de homens mortais ou de semideuses cujas explorações datam de vários milênios. As divindades, onipresentes, intervêm sem cessar no destino desses homens, mas, assim como os humanos, dão livre curso a suas paixões, rivalizam entre elas, fazem explodir sua cólera, mas também protegem os heróis. Os poemas de Homero às vezes fazem referência a fatos históricos que pensamos que existiram de verdade, como a cidade de Troia e sua destruição. Às vezes esses poemas retomam lendas transmitidas de geração em geração. Esses relatos nos dão, a distância, notícias de nós mesmos, como se essas histórias fossem as de hoje em dia, histórias intemporais, profundamente humanas.

No livro das Origens (Gênesis), outro texto fundador da cultura, se assim o é, Abraão nos revela o testemunho de sua fé em Deus e de seu amor por seu filho Isaac, que, entretanto, ele se dispõe a sacrificar. Tal devoção a Deus, tal abnegação, não são recompensadas por Abel, que seu irmão mais velho, Caim, mata por ciúme. Esse assassinato originário, cometido por um dos primeiros homens, marca para sempre todos os seus descendentes com esse selo da violência atuada e do assassinato como solução ante a inveja e o medo de perder o amor do outro. Como em toda história de filiação, a de Caim e Abel é atrelada à problemática parental, em que já se produz a transgressão do interdito (o fruto proibido), como se conhecer fosse o mesmo que transgredir. Abel e Caim encarnam essa dualidade humana do Bem e do Mal, e, desde a origem, fica claro que a saída do conflito entre os dois não é evidente. E, no entanto, a Divindade parece perdoar o criminoso que reconhece seu crime: condena-o ao exílio, mas lhe permite ter prole numerosa, da qual todos nós somos o resultado (Trigano, 1997, 83-101).

A *Ilíada* é um discurso sobre a guerra, no qual "só a força conta" (Vidal-Naquet, 1975, p. 25), quando não é de furor que se trata. As façanhas dos heróis os mostram dotados de força sobre-humana com a qual destroem tudo o que encontram em seu caminho. Assim, Aquiles, nos Cantos XX e XXI, mata cruelmente os troianos que encontra, antes de lutar contra Heitor e matá-lo, o inimigo que dele roubou seu amigo Pátroclo. Ele arrasta seu cadáver atrás de seu carro e lhe recusa os funerais a que faria jus por sua posição hierárquica. Tais cenas são descritas por Homero com pormenores suficientes para que o leitor possa se dar conta da violência extrema dos combates, muito além da agressividade necessária para vencer o inimigo, para vingar o amigo amado, muito mais do que a honra exigiria. Há verdadeiro desencadear de violência, o que fez com que a filósofa Simone Weil (1941) dissesse que a *Ilíada* é o poema da força e que aqueles que aí são submetidos não são vencedores nem vencidos. "O poder que ela tem de transformar os homens em coisas é duplo e é exercido dos dois lados; deixa diversamente paralisadas, embora na mesma medida, as almas daqueles que o sofrem e as dos outros que o exercem" (Weil, 1941, p. 71). Todos terminam morrendo. O próprio Aquiles também acaba perecendo. Na *Ilíada*, disfarçada como vingança pela honra ultrajada, é a destrutividade que está em ação. Helena – mulher de Menelau – é sequestrada pelo troiano Páris, filho de Príamo, rei de Troia e irmão de Heitor. Esse sequestro da bela Helena é que está na origem da guerra de Troia. Porém, à medida que avança o relato da *Ilíada*, a causa dessa guerra entre gregos e troianos parece afastar-se da libertação de Helena. Ela já não parece ser o objeto dos combates, já não representa coisa alguma que estivesse em jogo. O que os aqueus querem são todos os bens, toda a riqueza de Troia. Igualmente, após uma série de reviravoltas, a vitória dos gregos, graças à astúcia de Ulisses e à força de Aquiles, não presume nem impõe a destruição da cidade. A força substituiu a honra, a violência substituiu a razão. É porque os homens a empregam sem limites que a força se torna seu próprio senhor e os subjuga. A força os dessubjetiva. Esse sentimento destaca com tanto mais força na *Ilíada* a circunstância de que Homero nunca toma partido nem de um nem do outro: ele descreve as cenas de violência cheio de ressentimento, como se já lamentasse tamanha destruição. É como se – sem nunca dizer isso – Homero nos mostrasse que, apesar das boas intenções de cada um desses heróis, sua cegueira e o amor que dedicam ao emprego sem limites da força, exatamente em nome dos valores que defendem, os conduzissem à sua perda. Como se tudo isso não servisse para nada, não sendo senão lamentações sem fim. O relato da guerra que Homero nos traz não constitui uma experiência heroica, mas mostra, ao contrário, que a guerra avilta o homem porque o obriga a matar.

O uso imoderado da força conduz à morte, tanto daquele que submete o outro a esse excesso quanto daquele que dessa maneira é submetido por ela. Escrito em 1941, o comentário que Simone Weil nos oferece do texto de Homero nos faz pensar sobre a barbárie, os crimes extremos, os extermínios, os genocídios, assim como sobre os crimes mais comuns, se podemos falar assim. Além de qualquer consideração guerreira, os crimes de massa não se explicam pela necessidade de vencer o inimigo. Não têm nenhuma justificação racional, apenas revelam a paixão pela morte, além até mesmo do ódio pelo outro. A destruição de Troia, que não era necessária para o triunfo dos gregos, é a expressão desse desejo irreprimível de morte.

Em *Por que a guerra?* (1933/1985), Freud considera que somente a cultura visa a ser obstáculo para a barbárie, somente o desenvolvimento de laços afetivos entre os membros de uma comunidade pode vencer a violência. "A pulsão de morte se torna pulsão de destruição ao se voltar, por meio de órgãos específicos, em direção ao exterior, contra os objetos. O ser vivo preserva, por assim dizer, sua própria vida destruindo a de outrem" (Freud, 1933/1985). Somente o pacifismo poderá conseguir, no longo prazo, erradicar a guerra. Nesse sentido Simone Weil está de acordo com Freud, invertendo o adágio "se queres a paz, prepara a guerra" e propondo, em vez disso, "se queres a paz, prepara a paz".

Na guerra que opõe gregos a troianos, a cólera de Aquiles toma a dimensão de fúria devastadora[3] até o assassinato sem piedade de Heitor. Caim mata Abel sem dizer nada. Nesses casos, trata-se de uma vingança, mas a violência de sua execução faz explodir a loucura destruidora que subjaz a ela. Disfarçada em justificação da legitimidade, a sanção disfarça mal o júbilo que a acompanha e deixa de lado o recurso à instância de uma justiça que faria o papel de terceiro. Aqui é o reino do acerto de contas, a lei de talião de preferência ao recurso à justiça, seja humana ou divina. Não há espaço para o perdão. Além mesmo dessa ideia de autojustificação do ato criminoso, trata-se de uma negação do outro como semelhante. A violência exprime uma negativa de alteridade. Aos olhos de seus carrascos, a vítima perde seu estatuto de humano, são arrancados,

3 Faz pensar num outro herói da mitologia grega, Hércules. Seu furor se assemelha ao dos epilépticos. Como tal, seria expressão de um desejo de morte infanticida proveniente dos pais (Neyraut Sutterman, 1982). Hércules é filho de Hera e de Zeus, e vai pagar o preço da luta incessante entre os pais (Marty, 1987).

são substituídos por um número tatuado em seu corpo como se se tratasse do gado vulgar. Essa perda do limite do reconhecimento do outro como um outro si mesmo dá livre curso a todos os horrendos tratamentos a que um humano pode submeter outro humano, que, daí por diante, aos olhos do carrasco já não é um humano. O outro é dessubjetivado porque a violência exercida contra ele já não se refere a ele. A violência não tem outro objeto senão seu próprio desencadeamento. Não visa a alguém, não está ligada a seja o que for senão à sua própria força. A violência destrutiva está a serviço de pulsões parciais, especialmente crueldade e sadismo, que só conhecem como limite sua própria satisfação. Consequentemente, o outro é apenas o objeto dessa satisfação.

O que a *Ilíada* nos ensina é que a força e sua liberação sem reservas não são suficientes à realização do humano; ao contrário: contribuem para sua queda. A via da descarga é curta: se rapidamente apazigua as tensões, fracassa quanto a transformar a violência e apenas leva a perpetuá-la. Porque, quando a violência toma o lugar do conflito, é preciso restaurar a qualquer custo o trabalho psíquico, aquele que se apoia na capacidade de esperar, de pensar, para orientar essa força em direção a um objetivo criador de laços. A *Ilíada* é uma ode à violência de morte; a *Odisseia*, à violência de vida.

Figuras contemporâneas da violência

Ainda hoje, a alguns milênios desses relatos antigos, a violência ressoa e propõe as mesmas questões. Então não teríamos aprendido nada a partir de Homero? O homem ainda é um perigo para o homem? Por sua barbárie ameaça o edifício tão frágil e, entretanto, tão necessário que constitui a cultura? A ameaça está sempre presente. Os assassinatos de massa, a guerra, o terrorismo, ainda estão aí. As violências institucionais e familiares, a exclusão também. Toda violência gera violência. À violência do sequestro de Helena pelos troianos respondem a violência dos gregos, a barbárie e a morte.

Hoje em dia violências mais cotidianas, aparentemente mais anódinas, fraturam o espaço social. Alguns se sentem excluídos da sociedade. A violência da exclusão gera a violência dos excluídos. Quando decide acelerar a transição energética facilitando a compra de veículos elétricos, um governo condena aqueles que são mais dependentes desse modo de deslocamento a se excluírem do sistema de mercado, porque são pobres demais para comprar um veículo elétrico e sofrem em cheio o aumento da tarifa dos combustíveis de origem fóssil. Sua exclusão os impele a reagir violentamente contra todas as insígnias do poder. O motor disso é seu desespero, seu desamparo! Na França os chamados "coletes amarelos" manifestaram com violência esse sentimento de exclusão destruindo os símbolos da República (em especial as estátuas do Arco do Triunfo no *Champs Élysées*), incendiando lojas de luxo, como se já não se sentissem reconhecidos como parte integrante da sociedade. Não tendo mais nada a perder porque tinham perdido tudo, sobretudo sua dignidade, eles se tornam incontroláveis, percebidos pelos outros como párias.

Num mundo destituído de governança, criam-se espaços livres para as ditaduras. A democracia aí é ridicularizada e os regimes autoritários fazem então sua doutrinação por meio de seus métodos supostamente eficazes ante os diversos perigos que os ameaçam. A revolta das oposições é retumbante e alimenta manifestações que reclamam a liberdade, em especial a liberdade de expressão. Entretanto, no lugar do debate o que há é o aprisionamento, quando não o assassinato programado dos opositores, que se torna habitual, e o modo de tratamento desse sofrimento coletivo, tanto a busca do poder e sua manutenção por parte daqueles que o detêm ultrapassam para os tiranos a preocupação com o bem-estar dos povos. O espírito de coletividade se apaga em favor da defesa dos direitos – muitas vezes dos abusos – pessoais e dos partidários. Apesar da história recente dos campos de extermínio, dos *gulags*, o nacionalismo e o fanatismo religioso com muita frequência se opõem a qualquer perspectiva coletiva, direcionada para a coexistência de pontos de vista diferentes. O desprezo pela razão e pelos modelos das ciências cede inteiramente seu espaço às *fake news* e à arbitrariedade de uma informação que não passa de uma síntese de opiniões cuja pertinência nunca é demonstrada. A defesa da grandeza e do poder de uma nação passa a fazer as vezes de política. Nesse mundo desregulado, daí por diante é fácil mentir impunemente sobre tudo, é possível fazer votar leis complacentes em favor das multinacionais e em detrimento da saúde e do interesse de todos. Na escala de um bairro, o ódio pelo outro conduz à violência dos bandos rivais em defesa, até a morte, de um território imaginário. Coloca-se a questão da ausência de limite, como se daqui em diante o Estado de Direito tivesse dado lugar a uma espécie de lei da selva, organizando o desaparecimento de qualquer dimensão de um terceiro, simbólico.

O analfabetismo cedeu o espaço ao analfeletronismo, neologismo que designa a extrema dificuldade que determinados utilizadores experimentam para fazer funcionar corretamente um computador, ou para usar as funcionalidades básicas de um telefone celular, ou seus aplicativos mais habituais. Fala-se de fratura digital para dar conta desse fenômeno contemporâneo que afeta cerca de 20% da população ativa na França, e não apenas os mais desvalidos no plano social e cultural, mas também os responsáveis por estabelecimentos comerciais com cerca de 50 anos de idade e que não tiveram acesso à cultura do virtual e se sentem ultrapassados pela tecnologia desse universo. Essas pessoas se sentem excluídas do sistema e continuam a trabalhar com métodos antigos que as conduzem à perda de tempo com as tarefas, que as esgotam num trabalho fastidioso que as outras confiam a *softwares* eficazes. Em consequência, são perdedoras sob todos os pontos de vista: perdem sua clientela e experienciam um sentimento de injustiça diante de concorrentes que consideram privilegiados por terem acesso à tecnologia moderna. É como se não conseguissem adaptar-se à nova realidade de um mundo governado por algoritmos, em que é possível ter acesso a todos os tipos de informação em tempo recorde, comunicar-se com quem quer que seja no mundo inteiro. O sofrimento dessas pessoas consiste em se sentir excluídas do mundo, e a solução que adotam muitas vezes é rejeitar aquilo que não conseguem assimilar. É quase a mesma coisa que acontece com aquelas e aqueles que se recusam a tomar a vacina que lhes é dito que deveriam tomar. A obrigação vacinal e a depravação das informações que a acompanha parecem-lhes uma intrusão em seu espaço privado e exacerbam o sentimento de uma exclusão para aqueles e aquelas que vivenciam essa obrigação como constrangimento insuportável, como um ato totalitário a entravar sua liberdade, inclusive sua liberdade de expressão. As informações às vezes contraditórias são ouvidas como falsas informações, talvez mesmo como desinformação, alimentando nelas o pavor de estarem sendo manipuladas. Será que tudo isso não terá sido organizado pelos laboratórios farmacêuticos visando apenas a aumentar seus lucros?

Essas são algumas das figuras contemporâneas da violência mostrando até que ponto nossa sociedade se tornou narcísica: o outro desaparece para dar lugar à onipotência de um Eu tornado megalomaníaco, a não ser que seja a retirada identitária que alimenta todas as fantasias da perseguição, da vingança, da intolerância. A fragilidade narcísico-identitária daqueles que se percebem a si mesmos como párias banidos da sociedade os conduz ao agir. Sua violência faz eco à violência a que estão submetidos.

Quando o sentimento de insegurança cresce na sociedade, cresce também o risco de apelar à autoridade num regime democrático, que consequentemente se torna menos democrático, de apelar ao controle dos indivíduos e à restrição das liberdades para proteger aquelas e aqueles que a partir de então se sentem ameaçados pelo caráter desenfreado da violência. O homem providencial se torna o único recurso viável e é a este e somente a este que são remetidas as chaves da casa. Para o melhor e para o pior.

Sob todas as suas formas, em todos os seus estados, a violência se torna tanto um problema da sociedade quanto um problema do controle da atividade pulsional individual. Sempre existiu e sempre existirá, porquanto a violência é ligada à vida. Entretanto, parece que a ação dos homens de boa vontade não é suficiente para combatê-la. Como, por conseguinte, alcançar o triunfo da vida sobre a destrutividade e a morte? Não está aí importante desafio das nossas sociedades contemporâneas e, em especial, um fardo que vai pesar sobre as próximas gerações? Não existe vida sem conflito; mas a exclusão dos menos favorecidos, como a expulsão para fora de nossas fronteiras dos imigrantes que buscam escapar de sua própria miséria, não vai consertar nada das desigualdades que só fazem crescer entre os povos. O nacionalismo tem sido uma resposta ao sentimento de sermos invadidos por populações que vêm de outros lugares. Sabemos bem para onde isso nos tem conduzido. Essa fantasia conhece hoje em dia um retorno de atualidade com o pavor da "grande substituição", como se uma população imigrante pudesse impor sua lei aos nativos e excluí-los por sua vez do jogo social, econômico e político. Mesmo que esse movimento não seja descartado – já vimos isso acontecer mais de uma vez na História –, será que não estamos vendo nessa fantasia de eliminação uma projeção do medo do outro estrangeiro e da vontade de matá-lo que se volta contra si mesmo, num funcionamento de tipo paranoico em que "não sou eu, é o outro que é hostil a mim"?

Referências

Dumézil, G. (1968). *Mythe et Épopée*: L'Idéologie des trois fonctions dans les épopées des peuples indo-européens. Paris: Gallimard.

Dumézil, G. (1971). *Types épiques indo-européens*: un héros, un sorcier, un roi. Paris: Gallimard.

Dumézil, G. (1973). *Histoires romaines*. Paris: Gallimard.

Freud, S. (1915, 16 de fevereiro). Nous (juifs) et la mort (conferência apresentada na Bné Breith de Viena, publicada par Bernard Nitzchke em Die Zeit n. 30 em 20 de julho de 1990, citada par Jacques Hassoun em Caïn. Paris: Autrement, 1997).

Freud, S. (1985). Pourquoi la guerre? In S. Freud, *Résultats, idées, problèmes II*. Paris: PUF. (Trabalho original publicado em 1933).

Marty, F. (1987). *Hercule ou la colère des dieux*. Adolescence, 7(1), 189-196.

Neyraut Sutterman, T. (1982). Héraclès et l'épilepsie. *Revue française de Psychanalyse*, 46(4), 851-855.

Trigano, S. (1997). Caïn et Abel. In J. Hassoun (Dir.), *Caïn* (pp. 83-101). Paris: Autrement.

Vidal-Naquet, P. (1975). L'Iliade sans travesti, Préface. In *Homère, Iliade* (pp. 5-32). Paris: Gallimard.

Weil, S. (2014). *L'Iliade ou le poème de la force*. Paris: Éditions de l'éclat. (Trabalho original publicado em 1941).

2. Subjetivação, governabilidade e trauma na pandemia do coronavírus: sobre os estados psíquicos extremos[1]

Joel Birman

Preâmbulo

Este ensaio pretende articular os diferentes registros do *trauma,* da *subjetivação* e da *governabilidade* como linhas de força que modelaram e ainda modelam a atual pandemia do coronavírus. No entanto, se o trauma será problematizado (Deleuze & Guattari, 1980; Foucault, 1994) no *singular*, em contrapartida, a subjetivação e a governabilidade serão declinadas no *plural*, de forma que vamos problematizar propriamente as subjetivações e as governabilidades, como reguladores efetivos da experiência traumática no campo social da recente pandemia do coronavírus.

Além disso, o trauma será concebido nas bordas entre os registros do *corpo* e da *ordem coletiva*, porque a experiência traumática

1 Conferência ministrada (por via remota) no Colóquio Internacional: "A dimensão do extremo na vida subjetiva" – promovido pelo Programa de Pós-graduação em Teoria Psicanalítica da UFRJ e pelo Programa de Pós-graduação em Psicologia Clínica da PUC-Rio em 3 de dezembro de 2021.

para se configurar pressupõe necessariamente a conjunção íntima entre os registros do *interior* e do *exterior*.

Não foi assim certamente por acaso, com efeito, que Freud (1920/1981) problematizou pela primeira vez a *neurose traumática* como *neurose de guerra*, no ensaio intitulado *Além do princípio do prazer*; o cenário histórico e social da Primeira Guerra Mundial, com as suas violências e crueldades até então inéditas, era inseparável da nova descrição clínica e da leitura metapsicológica conexa que o discurso freudiano enunciou ao mesmo tempo.

Portanto, as ordens individual e coletiva se conjugam intimamente na constituição da experiência do trauma, por um lado, e a atual pandemia do coronavírus é paradigmática como campo social e sanitário para a demonstração, pelo outro, desta tese, na qual os registros da singularidade e da coletividade se conjugariam intimamente, na construção efetiva da experiência do trauma.

Destacando assim esse viés de leitura do trauma, na dupla dimensão enunciada, é preciso formular devidamente que o trauma exige uma leitura propriamente *interdisciplinar*, sem a qual se impõe o risco inevitável do *reducionismo teórico*, seja este da ordem do psicologismo, seja da ordem do sociologismo. Com efeito, se a psicanálise foi colocada em cena na leitura que propomos realizar da experiência do traumático no campo sanitário da pandemia do coronavírus, esta leitura se inscreve previamente no registro interdisciplinar de pesquisa, como ainda veremos posteriormente, com maior rigor teórico e epistemológico.

Dito tudo isso como preâmbulo da interpretação que propomos realizar da atual pandemia do coronavírus, colocando em destaque as linhas de força fundamentais que vou desenvolver neste ensaio, é preciso enunciar ainda neste preâmbulo que este ensaio será configurado em cinco tempos intimamente concatenados e efetivamente costurados.

Assim, se num *primeiro momento* tecerei alguns comentários preliminares sobre a pandemia do coronavírus, de ordem epistemológica, teórica, política e ética ao mesmo tempo, nos *momentos* subsequentes, em contrapartida vou problematizar a categoria de trauma em psicanálise; para em seguida colocar em cena as formações sintomáticas produzidas pela referida experiência traumática, assim como as formas de subjetivação colocadas em cena por esse *acontecimento* crucial e a sua regulação pelas diferentes formas de governabilidade. Enfim, essas são assim as linhas de força que configuram a arquitetura deste ensaio, de forma condensada.

Considerações epistemológicas, teóricas e metodológicas

A atual pandemia do coronavírus é indubitavelmente a *catástrofe humanitária* mais importante do século XXI. Não somente em decorrência dos 5,4 milhões de mortos em todo o mundo, promovidos pela pandemia de forma *direta*, mas também em consequência dos que foram mortos de maneira *indireta* por outras modalidades de enfermidades, que encontraram nesse contexto o terreno privilegiado para se desdobrar decididamente na sombra e nos rastros da experiência pandêmica; seja porque os hospitais se tornaram não frequentáveis para as populações pelo alto nível de contaminação que neles se condensava, seja pela ocupação dos leitos hospitalares pelos enfermos do coronavírus, que impossibilitou o acesso dos demais doentes à rede hospitalar.

Além disso, na caracterização dessa catástrofe humanitária não pode ser esquecido o efeito crucial da pandemia na promoção das *desigualdades* sociais de forma patente, pois os segmentos sociais pobres das populações não poderiam seguir os protocolos sanitários enunciados pelos discursos da ciência e da medicina propalados pela Organização Mundial da Saúde, para se protegerem da contaminação viral, como ocorreu com as classes médias e as elites. Com efeito, aqueles segmentos sociais pobres foram obrigados a trabalhar em ambientes insalubres, além de terem que utilizar meios de transporte coletivos superlotados, sem deixar de destacar ainda a precariedade espacial de suas casas, o que não aconteceu com as elites e as classes médias, que podem dispor de mais espaço em suas casas e puderam trabalhar ainda em *home office*.

É preciso salientar ainda que os Estados Unidos e o Brasil se destacaram no cenário internacional no que concerne ao número de mortos; naquele com mais de 800 mil mortos e neste com cerca de 620 mil mortos, respectivamente. Essa proporção mortífera nos Estados Unidos e no Brasil é muito maior do que a que ocorreu na União Europeia e nos países asiáticos, assim como nos demais países da América Latina, que foram também muito afetados mortalmente pela pandemia. Enfim, o nível de mortalidade absurdo naqueles dois países está intimamente relacionado às suas formas de governabilidade exercida por dirigentes políticos da extrema direita, seja Trump nos Estados Unidos, seja Bolsonaro no Brasil.

Além disso, não se pode esquecer ainda que a pandemia do coronavírus produziu ao mesmo tempo outra *epidemia* paralela e conexa, a saber, a *epidemia da fome*, que se disseminou nos países pobres e emergentes, como foi o caso do Brasil. Porém, além das mortes, é preciso enfatizar ainda como marca crucial dessa catástrofe sanitária os efeitos a *médio* e a *longo prazo* na *saúde somática* e na *saúde psíquica* dos sujeitos que sobreviveram. Com isso, destacamos assim a problemática das *sequelas*, que vão aumentar quantitativamente no mundo todo nos próximos anos, com os custos humanos e econômicos que implicaram os ditos sequelados.

No entanto, é preciso colocar em devido destaque que a atual pandemia do coronavírus é o *ato inaugural* do século XXI, porque não se considera a *emergência* de um novo século pela marca restrita da cronologia, mas pela emergência de um *acontecimento* crucial, que provoca assim uma *inflexão* decisiva e uma *descontinuidade* fundamentais no curso da *história* e do *discurso* (Foucault, 1969), da mesma forma como a Primeira Guerra Mundial foi o ato inaugural do século XX, pela descontinuidade que promoveu entre o *antes* e o *depois*, pela emergência do conceito da *guerra total* que introduziu no Ocidente, que diferenciava a dita guerra de todas as demais guerras anteriores (Alliez & Lazzarato, 2021). Portanto, é preciso opor e diferenciar devidamente as categorias de *evento* e de *acontecimento* à medida que o evento mantém ainda as linhas de força da *continuidade* da experiência social e histórica, enquanto no acontecimento, em contrapartida, se promove a irrupção da descontinuidade na tessitura dos processos social e histórico.

Para caracterizar assim a pandemia do coronavírus como ato inaugural do século XXI e como promotor de descontinuidade sócio-histórica, é preciso enfatizar que a dita pandemia provocou a *suspensão* quase completa da *economia* internacional, assim como de todas as nossas *formas de vida*, segundo um importante conceito filosófico enunciado por Wittgenstein (1961) na sua obra intitulada *Investigações filosóficas*. Além disso, todos os nossos *habitus* corporais foram afetados pela incidência da pandemia em curso sobre as nossas *práticas corporais*, de acordo com o discurso sociológico enunciado por Bourdieu (1972) em *Esboço de uma teoria da prática*, porque quase nós todos fomos confinados em nossas casas, o que suspendeu evidentemente o exercício de nossa *mobilidade corporal* e de nossos hábitos regulares centrados no corpo.

Além disso, é preciso enunciar ainda que, dos pontos de vista teórico, metodológico e epistemológico, a pandemia deve ser configurada como um *fato social total*, segundo o conceito enunciado pelo discurso antropológico de Marcel Mauss (1950). Ao passo que, pela tessitura de um fato social total, a pandemia do coronavírus seria caracterizada ainda pela *complexidade*, de acordo com o discurso teórico enunciado por Morin (1994). Por isso mesmo, a pandemia coloca o imperativo teórico da interdisciplinaridade, por ser configurada como um fato social total e ser marcada assim pela complexidade.

Dessa maneira, o que se impõe então como imperativo epistemológico é a leitura da pandemia do coronavírus como um *tríptico* conceitual, em que devem ser colocados em pauta três diferentes *objetos teóricos* (Canguilhem, 1968) que devem ser devidamente destacados. Com efeito, o que se impõe inicialmente é a dimensão *biológica* do vírus a ser investigado pela *virologia*, a que se seguem os discursos *econômico, social, político e ecológico* que se articulam num mosaico complexo e finalmente a dimensão das *singularidades*. Essas singularidades podem ser de *ordem médica* (clínica) e de *ordem psíquica*, na medida em que sabemos que cada singularidade é afetada e reage de forma singular, dos pontos de vista somático e psíquico, respectivamente. Neste ensaio, colocaremos em destaque somente as singularidades psíquicas, que é o que nos interessa como psicanalista, na leitura dos efeitos psíquicos da pandemia. Vamos evidenciar inicialmente, na leitura das singularidades, a dimensão fundamentalmente traumática promovida pela pandemia.

Angústia sinal e angústia real

Assim, a pandemia do coronavírus tem um efeito traumático sobre o sujeito, à medida que o vírus em questão se apresenta de forma invisível para o sujeito e não pode ao mesmo tempo ser enunciado por este, pela mediação dos discursos da medicina e da virologia – principalmente no início da pandemia, mas também agora, quando o nosso conhecimento sobre o vírus e sobre a doença em pauta é ainda muito limitado.

Por que esses dois atributos são efetivamente fundamentais para o sujeito, do ponto de vista estritamente clínico? Porque, segundo Freud (1926/1973c), no ensaio intitulado *Inibição, sintoma e angústia*, o aparelho psíquico busca se defender dos eventos psíquicos pela transformação daquilo que é da ordem do *invisível* em algo que é da ordem do *visível*, ao mesmo tempo que de forma correlata procura tornar *dizível* o que é da ordem do *indizível*.

Por essa dupla operação, com efeito, a *angústia* entra efetivamente num processo de suspensão, sendo transformada então em *medo*. Além disso, como este se coloca no registro da *percepção*, o sujeito pode assim se proteger do pior pela colocação em cena de procedimentos defensivos.

Segundo Freud ainda, o aparelho psíquico ficaria permanentemente dessa forma buscando realizar, com regularidade, a *antecipação* do pior a fim de poder acionar as suas defesas caso o perigo se delineie no horizonte do tangível. Portanto, pela *imaginação* e pela antecipação o sujeito poderia assim provavelmente se proteger do pior, de maneira que essa imaginação antecipatória é um agenciamento psíquico de ordem principalmente *simbólica* (Freud, 1926/1973a). Em consequência, o discurso freudiano denominou esse procedimento antecipatório de sinal de angústia ou de angústia sinal, para destacar a dimensão simbólica dessa experiência.

No entanto, quando o sujeito não pode realizar antecipadamente tal preparação para o pior, a experiência traumática ocorre de forma intempestiva e inevitável. Com efeito, o trauma seria a resultante de uma experiência que não pôde ser antecipada pelo sujeito, de forma inicial, e consequentemente este não pode evitar o impacto do *mal* sobre *si* (Freud, 1926/1973c).

Foi pela mediação dessa teorização sistemática, realizada em *Inibição, sintoma e angústia* (Freud, 1926/1973c), que o discurso freudiano pôde sustentar teoricamente o que descreveria inicialmente como *neurose de guerra* no ensaio *Além do princípio do prazer* (Freud, 1920/1981).

Com efeito, na obra de 1920 o discurso freudiano problematizou o novo dualismo pulsional centrado na oposição entre *pulsão de vida* (*Eros*) e *pulsão de morte* (*Tanatos*). Uma vez que a pulsão de vida opera pelo procedimento da *ligação* e a pulsão de morte pela operação da *desligação*, é possível depreender daí que a angústia sinal é uma experiência da ordem da ligação (antecipação) e a angústia traumática seria, em contrapartida, da ordem efetiva da desligação (Freud, 1920/1981). Portanto, transformar o invisível em visível e o indizível em dizível seriam operações psíquicas e simbólicas inscritas no registro da pulsão de vida e da ligação, enquanto os registros do indizível e do invisível seriam tributários do campo da pulsão de morte.

Com a descrição clínica da neurose da angústia, delineada por Freud em 1893, foi enunciado o efeito traumático da angústia do real (Freud, 1895/1973), sendo, pois, a formação sintomática fundamental da pandemia do coronavírus nos sujeitos. Todas as demais formações sintomáticas, que se apresentam na experiência traumática da pandemia são efeitos e derivações da neurose de angústia primordial.

Formações sintomáticas

A neurose da angústia se caracteriza no sujeito pelo temor e pela certeza da morte iminente. O sujeito é tomado pela taquicardia e pela dispneia, assim como por suores frios, por vertigens, todos signos que seriam de que a morte pode acontecer a qualquer momento. Portanto, essa angústia é de caráter real e delineia a experiência traumática em estado puro, sendo assim o efeito direto do mal invisível e indizível que acossa o sujeito (Freud, 1895/1973a). Como dissemos no trecho anteriormente citado, todas as demais formações sintomáticas provocadas pela pandemia do coronavírus são derivações dessa formação originária.

A segunda formação sintomática é a hipocondria, na medida que, pela angústia persecutória promovida pelo coronavírus (invisível e indizível), o sujeito passa a interpretar todos os seus signos corporais como manifestação inequívoca do coronavírus.

A terceira formação sintomática são os atos compulsivos forjados em torno dos imperativos de limpeza, segundo as normas instituídas pelos discursos da ciência e da medicina. O sujeito passa assim a duvidar, com efeito, de que seus procedimentos de limpeza foram bem executados, de forma que os repete de forma compulsiva, durante o dia todo, aniquilando assim qualquer atividade produtiva possível.

A quarta formação sintomática é a depressão, resultante do esvaziamento vital e da relativa imobilidade do sujeito, restrito que este fica ao espaço doméstico.

A quinta formação sintomática é a melancolia, em que o sujeito perde o gosto e o prazer de estar vivo pelo esvaziamento de sua existência, naquilo que lhe é fundamental. Nesse contexto, os idosos que não podem se encontrar com filhos e netos acabam por parar de se alimentar e realizar seus cuidados pessoais, como se banhar e trocar de roupa. Enfim, nessas condições de abandono de si e de não querer viver efetivamente, muitos idosos se suicidaram.

A sexta formação sintomática é o suicídio, resultante da melancolia, como disse anteriormente. Além dos idosos, adolescentes e jovens adultos se inscrevem também numa condição melancólica, com práticas suicidas conexas, pela suspensão de suas atividades escolares, universitárias e de lazer.

A sétima formação sintomática são as perturbações da pele, que se tornaram bastante frequentes durante a pandemia. Com efeito, colocadas na borda entre o dentro e o fora do corpo, assim como na fronteira entre o interior e o exterior, a pele é uma superfície corpórea, mas porosa ao mesmo tempo, por onde circulam as angústias invisíveis e indizíveis, à medida que invadem o sujeito em todos os seus interstícios e suas dobras.

A oitava formação sintomática é o consumo vertiginoso de drogas lícitas (álcool e tranquilizantes) e ilícitas, que o sujeito consome para apaziguar a angústia e a depressão que o perpassam para suspender as formações sintomáticas assim destacadas.

Além disso, o consumo da comida se inscreve igualmente nesse mesmo registro, de forma que o sujeito busca ingerir alimentos para preencher o vazio interior, provocado pela invisibilidade do mal que o acossa. Enfim, com a bulimia assim promovida, a obesidade se incrementou muito durante a pandemia, em escala internacional.

A nona formação sintomática é o incremento da violência doméstica – realizado pelos homens contra suas companheiras e filhos –, em que pelo exercício da força física o sujeito busca se iludir de que não está numa condição existencial de desamparo. Em consequência, em todo o mundo houve aumento de divórcios entre casais, em decorrência de tais práticas de violência (Birman, 2021).

Desamparo e desalento

Contudo, é preciso inscrever agora tais formações sintomáticas em modalidades estruturais de subjetivação, de forma que essas modelam assim as diferentes formações sintomáticas. É preciso desse modo que o desamparo e o desalento, como formas estruturais de subjetivação, regulem todas essas produções sintomáticas. Qual é a diferença entre o desamparo e o desalento? Essa é a primeira questão a ser devidamente respondida.

Assim, na experiência do desamparo o sujeito acredita que o Outro queria acolhê-lo e protegê-lo. O exemplo paradigmático disso Freud enunciou na obra intitulada *Projeto de uma psicologia científica*, quando disse que o choro do bebê é a razão de todos os motivos morais (Freud, 1895/1973a). Portanto, pelo desamparo Freud destaca a constituição de um sujeito de ordem alteritária, em que a interpretação realizada pelo Outro é fundamental.

Em contrapartida, o desalento é uma experiência crucial na qual o sujeito já não seria acolhido pelo Outro, de maneira que o Outro não vai protegê-lo e acolhê-lo, de forma que o sujeito vai assim ser perigosamente lançado nas incertezas e contingências da existência. Dessa maneira, se o desamparo remete o sujeito para a angústia sinal, o desalento, em contrapartida, o remete para a angústia (real) traumática. Além disso, se o desamparo remete para o registro clínico da neurose, o desalento remete para a ordem da melancolia. Enfim, se o desamparo condensa a experiência do sofrimento, no qual a simbolização possibilitada pelo Outro se realiza, o desalento remete para o deserto invisível da dor, no qual a melancolia se condensa de maneira eloquente.

Governabilidades

Contudo, é necessário agora realizar uma outra conjunção e articulação, inscrevendo as duas formas de subjetivação destacadas em diferentes formas de governabilidade. Essa conjunção e articulação, na sua multiplicidade e nas suas diferenças, conjuga as formas de subjetivação destacadas.

Assim, como falamos no início deste ensaio que a pandemia propriamente dita tem uma dimensão coletiva, que se manifesta nos registros político, social, econômico e ecológico, respectivamente, as diferentes formas de subjetivação se conjugam com as formas da governabilidade.

Dessa maneira, é bastante rico comparar o destino da pandemia nos países asiáticos com o que seguiu nos países da União Europeia e do continente americano, destacando aqui como as experiências brasileira e norte-americana nos evidenciam, para assim delinear uma cartografia das formas da governabilidade, a fim de articulá-la com as formas de subjetivação, num segundo momento. O que caracterizava a pandemia nos países asiáticos foi o modo como as populações desses países obedeceram ao imperativo do Estado, que segue literalmente os pressupostos do discurso da medicina e da Organização Mundial da Saúde. Essa obediência não se dá por tais países estarem sob a tutela governamental do autoritarismo e do totalitarismo, mas porque dos pontos de vista social e cultural os países asiáticos são regulados pela ordem holística, segundo a qual a construção do indivíduo como sujeito se modela pela conjunção da ordem do indivíduo à ordem da totalidade.

Estou me baseando aqui pela oposição estabelecida pela antropologia social, com Louis Dumont, no livro intitulado *Ensaio sobre o individualismo moderno* (1983), entre as ordens social e cultural holística e individualista. O efeito disso é bastante tangível, dos pontos de vista sanitário e epidemiológico, pois os países orientais tiveram resultados positivos no que concerne à contaminação e à mortalidade de suas populações, pelo imperativo holístico que os regula.

Na Europa, em contrapartida, estão inscritos na ordem do individualismo, de forma que o indivíduo é o átomo constitutivo dessa outra ordem coletiva, sendo aquilo que Dumont denominou de indivíduo-valor. Portanto, o Ocidente, diferentemente do Oriente, é individualista e não holístico (Dumont, 1983). Porém, diante desse cenário social e cultural diverso, os diferentes governos da União Europeia tiveram que fazer um esforço de comunicação e persuasão sistemático para convencerem os seus cidadãos a seguirem o que existia de bem fundado e de legítimo dos discursos da ciência e da medicina. Com isso, tiveram êxito relativo, pois, embora as taxas de contaminação e de mortalidade nos países europeus não tenham sido as mesmas que ocorreram na Ásia, os resultados foram efetivamente positivos.

Contudo, nos Estados Unidos e no Brasil, que são igualmente países construídos pela tradição individualista, o resultado não foi o mesmo que na União Europeia. Isso porque as políticas negacionistas de Trump e de Bolsonaro ante os discursos da ciência e da medicina conduziram ao genocídio das populações brasileira e norte-americana, como evidencia o maior número de mortes e de contaminados pela pandemia do coronavírus em comparação ao resto do mundo. Entretanto, o dito negacionismo, colocado ante o discurso da ciência e da medicina, se funda no mecanismo psíquico da recusa, como Freud enunciou no seu ensaio sobre fetichismo (Freud, 1927/1973b).

Além disso, a recusa em pauta faz com que o discurso científico e da medicina, no Brasil e nos Estados Unidos, se aproxime ainda pela aliança e obra dos discursos da extrema direita e da religião neopentecostal, que, como uma argamassa discursiva, é similar em ambos os países.

Finalmente

Portanto, pelo que destacamos anteriormente é fácil perceber que em países no Oriente e no Ocidente que contam com governabilidade individualista, como na União Europeia, o governo protegeu seus cidadãos com os pressupostos dos discursos da ciência e da medicina, pois os cidadãos se sentiram protegidos pelo Estado e pelas diferentes governabilidades existentes, de forma que nesses contextos o desamparo se forjou efetivamente como forma primordial de subjetivação.

Em contrapartida, no Brasil e nos Estados Unidos, onde o Estado colocou os sujeitos à deriva e os abandonou à sua própria sorte, foi perpetrado um genocídio populacional, de forma que os sujeitos foram lançados no limbo do desalento, numa errância e numa incerteza fundamentais. Pode-se depreender, assim, como no registro das singularidades que a pandemia do coronavírus promoveu uma experiência traumática nos sujeitos. Para caracterizar devidamente o que provocou a partir disso, formações sintomáticas denominadas desamparo e desalento - mas que seriam reguladas por formas (estruturais) de subjetivação -, se distribuíram diferentemente, segundo as diversas regras reguladoras das formas de governabilidade.

Enfim, para ser devidamente problematizada, a categoria do trauma deve articular na sua tessitura os registros da singularidade e da coletividade, numa perspectiva eminentemente interdisciplinar, concebida como fato social total e regulada pela racionalidade complexa.

Referências

Alliez, E., & Lazzarato, M. (2021). *Guerras e capital* (Capítulo 10). São Paulo: UBU.

Birman, J. (2021). *O trauma na pandemia do coronavírus* (3a ed.). Rio de Janeiro: Civilização Brasileira.

Bourdieu, P. (1972). *Esquisse d´une théorie de la pratique*. Genève: Droz.

Canguilhem, G. (1968). L'objet de l'histoire des sciences. In G. Canguilhem, *Études d´Histoire et de Philosophie des sciences*. Paris: Vrin.

Deleuze, G., & Guattari, F. (1980). *Mille Plateaux, Capitalisme et schizophrenie 2*. Paris: Minuit.

Dumont, L. (1983). *Essais du individualisme moderne*. Paris: Seuil.

Foucault, M. (1969). *Archeologie du savoir*. Paris: Gallimard.

Foucault, M. (1994). *Dits et écrits* (Vol. IV). Paris: Gallimard.

Freud, S. (1973a). Esquisse d´une psychologie scientifique. In S. Freud, *La naissance de la psychanalys*e. Paris: PUF. (Trabalho original publicado em 1895).

Freud, S. (1973b). Le fetichisme. In S. Freud, *La vie sexuelle*. Paris: PUF. (Trabalho original publicado em 1927).

Freud, S. (1973c). *Inhibition, symptôme et angoisse*. Paris: PUF. (Trabalho original publicado em 1926).

Freud, S. (1981). Au-delà du principe de plaisir. In S. Freud, *Essais de psychanalyse*. Paris: Payot. (Trabalho original publicado em 1920).

Mauss, M. (1950). *Sociologie et anthropologi*e. Paris: PUF.

Morin, E. (1994). *La complexité humaine*. Paris: Flammarion.

Wittgenstein, L. (1961). *Investigations philosophiques*. Paris: Gallimard.

3. Os negacionismos e a desresponsabilização: *um* Brasil contra a civilização[1]

Daniel Kupermann

Gostaria em primeiro lugar de agradecer ao Programa de Pós-graduação em Teoria Psicanalítica da UFRJ e ao Programa de Pós-graduação em Psicologia Clínica da PUC do Rio de Janeiro, bem como às organizadoras deste colóquio: Marta Rezende Cardoso e Silvia Abu-Jamra Zornig. Além de serem referências teóricas e afetivas para mim, elas organizaram um colóquio extremamente importante, conseguindo neste momento da pandemia de Covid-19 agregar uma série de pesquisadores internacionais. Agradeço também aos participantes pela paciência com os problemas tecnológicos porque a tecnologia – que o possibilitou – não deve diminuir a importância deste encontro. Finalmente, gostaria de agradecer ao professor François Marty pela sua comunicação. Ao tomar conhecimento do título sugerido por ele, decidi fazer

---

1 Transcrição (realizada por Camila Prandini) da conferência pronunciada em 3 de dezembro de 2021 no Colóquio Internacional "A dimensão do extremo na vida subjetiva", organizado por Marta Rezende Cardoso e Silvia Abu-Jamra Zornig pelo Programa de Pós-graduação em Teoria Psicanalítica da UFRJ e pelo Programa de Pós-graduação em Psicologia Clínica da PUC-Rio, respectivamente.

uma mudança na minha apresentação de hoje, para que pudéssemos ter uma interlocução maior.

Meu plano inicial era falar sobre aspectos da clínica dos extremos, mas optei por falar sobre uma temática social e política que venho pesquisando, da qual o título "Os negacionismos e a desresponsabilização: *um* Brasil contra a civilização" é bastante ilustrativo. Importante ressaltar aqui que falo de *um* Brasil, e não de *o* Brasil. O professor Marty fez uma apresentação bastante panorâmica; e eu vou tentar colocar um foco mais restrito em um fenômeno que é mundial, mas que foi bastante incrementado no Brasil ao longo desse um ano e nove meses de pandemia, período durante o qual alcançamos a triste marca mais de 615 mil mortes em nosso país. Só para dar uma ideia comparativa: a França, um país três vezes menor que o Brasil, teve 120 mil mortes até o momento, de modo que aqui nós tivemos cinco vezes mais óbitos decorrentes da pandemia de Covid-19 do que na França. Esse grande número de mortes revela o efeito do fenômeno do negacionismo, que vou propor que utilizemos no plural: negacionismos. Minha tentativa é apresentar para os colegas franceses um pouco do que nós vivemos aqui ao longo desse período, para que possamos avançar em algumas questões sobre o que a psicanálise pode nos ensinar, não apenas sobre a metapsicologia dos negacionismos, mas também sobre as motivações pulsionais e políticas que conduziram a essa situação que é efetivamente *extrema* entre nós.

Quando falamos em negacionismo, referimo-nos a um conceito freudiano – a *Verleugnung* – que aparece bastante ao longo da obra de Freud, mas que ganha um caráter mais específico em 1927 no texto sobre o fetichismo. A *Verleugnung* é um mecanismo de defesa habitualmente traduzido em português por *recusa* (*déni* ou *réfus* em francês). Quando Freud a formaliza em 1927, a recusa diz respeito à recusa de uma parte da realidade, sendo, portanto, uma noção que trata de um processo intrapsíquico. Tomando o exemplo do fetiche: recusa da castração feminina e eleição de um objeto – o objeto fetiche – que funciona como possibilidade de negar, recusar, desautorizar uma percepção. Há, portanto uma evidente perda da realidade na recusa. No entanto, a recusa é também um mecanismo importante na vida cotidiana porque, por exemplo, se nós acordássemos todos os dias de manhã assaltados pela ideia (que não deixa de ser verdadeira) de que podemos morrer antes do pôr do sol, a vida seria muito difícil. Dessa forma, há uma dimensão estruturante da recusa, e há uma dimensão que aponta mais para o sentido daquilo que Freud nomeou como perversão, lembrando que a ênfase freudiana foi sobre a perversão sexual, e não social.

O que acontece com o fenômeno do negacionismo, ou dos negacionismos, é que nesse caso a *Verleugnung* já não é um processo intrapsíquico individual, mas um processo que ocorre no campo social, no campo político, no campo relacional. É a essa *Verleugnung* sociopolítica que eu proponho a tradução por negacionismo, cuja inspiração é a noção de desmentido – *démenti* em francês – formulada por Sándor Ferenczi (1933/1992) para pensar o mecanismo relacional do trauma. Para Ferenczi (1933/1982), um sujeito em estado de vulnerabilidade que sofre uma violência, busca testemunhar essa violência dirigindo-se aos seus próximos ou às autoridades instituídas pela vida social; e o que se torna traumático é menos a violência sofrida do que o seu *desmentido* por esses outros de confiança eleitos pelo sujeito agredido. Por exemplo: uma mulher que vai a uma delegacia e é responsabilizada pela violência sexual que sofreu, em função do modo como está vestida (isso antes da existência das Delegacias de Defesa da Mulher). Assim, a ideia é pensar os negacionismos como efeito dos desmentidos produzidos na vida social, ao que se segue a necessidade de pensar as consequências da *Verleugnung* não apenas para o sujeito que recusa a realidade, mas para todo o tecido da vida social e política, como a que assistimos no Brasil.

Como pontuou o professor Marty, essa não é uma questão presente apenas no Brasil, mas entre nós ela tem certos componentes de perversão social e de psicopatia que eu gostaria de ressaltar. Para os franceses que não acompanharam essa história, vou recordar algumas coisas que nós conhecemos bem, apenas para ilustrar do que estou falando quando me refiro ao negacionismo – o negacionismo da pandemia de Covid-19, o negacionismo da letalidade do vírus, o negacionismo da importância dos processos civilizatórios, como a adoção de medidas sanitárias, e o negacionismo da importância da vida dos mais vulneráveis, parcela a princípio formada apenas por pessoas com mais de 60 anos ou com comorbidades que, com o tempo, foi se ampliando e se tornando um pouco maior com os riscos da pandemia.

Em março de 2020, quando a pandemia começou, tivemos muitas notícias do que se passava principalmente na Itália. Em 15 de março o vírus chegou ao Brasil e o presidente eleito fez referência a categorias psicanalíticas para começar o seu processo sistemático de negacionismo, dizendo na ocasião que nós estaríamos "sucumbindo à neurose". Dois dias depois, ante as medidas sanitárias adotadas por alguns governadores em seus estados, a afirmação do presidente eleito foi a de que o vírus teria provocado uma "histeria" no país. Finalmente, em 20 de maio, não mais utilizando categorias psicanalíticas, mas dando continuidade à toada negacionista, o presidente comparou o novo coronavírus a uma "gripezinha". Essa referência à "gripezinha" ficou muito famosa. Some-se a essas declarações uma fala em que o presidente dizia não se sentir vulnerável à doença devido ao seu "histórico de atleta". Quando ultrapassamos a marca de 4 mil casos e 100 mortos – imaginem que estamos falando hoje de 615 mil mortos –, o mesmo presidente fez uma constatação de extrema profundidade ao dizer que "todos nós iremos morrer um dia". Em abril, quando já estávamos na casa dos milhares de mortos, a recusa em falar do assunto veio acompanhada da frase "eu não sou coveiro". Finalmente, no final do mês de abril, quando alcançávamos a marca dos 5 mil mortos, ele faz uma formulação insuperável: "E daí? Lamento. Quer que eu faça o quê? Eu sou Messias, mas não faço milagres". Para os franceses, esclareço que o nome do presidente é Jair *Messias* Bolsonaro, e, inclusive, parte dos motivos da sua eleição foi o apoio em massa da comunidade evangélica do nosso país. Recordo esses momentos para ilustrar certas formações discursivas que mostram como o negacionismo opera e o modo como influencia as subjetividades.[2]

O argumento que pretendo desenvolver é que no Brasil vivemos esse fenômeno do negacionismo de modo plural e *extremo*, para me referir ao título do Colóquio. Podemos, assim, diferenciar três modalidades de negacionismo: a primeira, que é mais genérica, proporei chamar de *negacionismo ilusório*; a segunda se refere ao que nomeei de *negacionismo hipócrita*; e a terceira ao que nomeei de *negacionismo pragmático*. Vou percorrer rapidamente o que caracteriza cada uma dessas formas de negacionismo e o que a diferencia das outras, porque é importante no trabalho do pensamento – assim como na pandemia – evitar aglomerações.

O negacionismo ilusório se inspira na descrição de Freud (1921/1980c), em *Psicologia de grupo e análise do ego* – ensaio que completou 100 anos justamente neste ano –, ao analisar os mecanismos de idealização diante do fenômeno religioso e também no

2 Em função dessas e de outras declarações, da política negacionista do seu governo, bem como de atitudes contrárias às medidas sanitárias em suas aparições públicas, o presidente foi chamado de "genocida" pelo *youtuber* Felipe Neto, alcunha que logo se disseminou entre a grande massa de opositores ao governo Bolsonaro em nosso país.

exército, que são as duas instituições citadas por Freud nesse momento. O que, curiosamente, mostra a tremenda atualidade desse texto no Brasil de hoje – governado por militares e religiosos. Freud indica que a idealização é sempre maior quanto maior a vulnerabilidade dos sujeitos em determinado contexto social e político. Ou seja, a idealização nos protege da angústia extrema do desamparo. Assim, o negacionismo ilusório provoca dois subfenômenos: o primeiro é a onipotência, ilustrada pelo discurso de que "nada vai me acontecer, eu sou invulnerável"; o segundo, a onisciência. No caso da onipotência é fácil entendermos que, quanto maior a vulnerabilidade, e no caso da pandemia quanto maior o medo de morrer, mais se desestabiliza a *Verleugnung* (a recusa) constitutiva do nosso dia a dia. Quando a morte se apresenta como uma possibilidade muito mais concreta do que habitualmente, o discurso onipotente do "nada vai me acontecer" é apaziguador. Já no que diz respeito à onisciência, recordamos a figura das teorias da conspiração que alimentaram toda a pletora de *fake news* que vêm circulando no nosso país desde as últimas eleições presidenciais. A onisciência pretende esclarecer a origem das coisas – o vírus é chinês, quem é o culpado pelos vírus etc. –, como nós ouvimos nos discursos oficiais. Mas a onisciência produzida pelo negacionismo ilusório também pretende que há medicamentos capazes de deter a letalidade do vírus, por exemplo a hidroxicloroquina. Para ilustrar essa atitude onipotente e onisciente, recordamos a cena patética do presidente levantando uma caixa de remédios como se fosse o capitão da seleção brasileira de futebol levantando a taça quando se ganha uma copa do mundo. Há uma evidente obscenidade estética no fenômeno do negacionismo, que se torna mais contagioso à medida que a vulnerabilidade dos atores sociais aumenta. Adiante tentarei demonstrar que o próprio fenômeno dos negacionismos tende a aumentar a vulnerabilidade dos cidadãos, dos sujeitos que assistem à desestabilização do laço social e do laço civilizatório.

A segunda modalidade de negacionismo, que propus chamar de negacionismo hipócrita, é caracterizada pelo fato de ser decorrente de um incremento do que Freud chamou de narcisismo das pequenas diferenças. O negacionismo hipócrita foi muito difundido, e ainda é, pelas classes mais privilegiadas da nossa sociedade. É preciso lembrar, especialmente para os colegas estrangeiros, que o Brasil é um país caracterizado por uma desigualdade socioeconômica extrema. Durante a pandemia as classes mais favorecidas dos profissionais do mercado financeiro, empresários, comerciantes etc. se refugiaram em casas de praia, em casas de montanha, longe das grandes cidades, propagando ao mesmo tempo o discurso de que a atividade econômica não poderia parar. Ou seja, os *outros* têm que trabalhar, pegar condução, ônibus, metrô, trem, para a economia não parar. Houve uma tentativa de divulgação de uma encruzilhada, uma espécie de *escolha de Sofia neoliberal*, em que seria preciso escolher entre a economia ou a vida, considerando que a economia salvaria mais vidas no futuro. Esse argumento é uma inverdade, já tendo sido demonstrado por uma série de estudos que em uma pandemia o tempo que se ganha é um tempo que tende a diminuir a mortalidade do vírus, não só porque a ciência e os médicos aprendem rapidamente, com a própria experiência, a lidar com o vírus, mas também porque depois de pouco mais de um ano já havia a vacina. A vacina, como vimos, chegou primeiro para as populações dos países mais ricos, mas aos poucos foi chegando também para as populações mais periféricas.

O negacionismo hipócrita tem uma dimensão ilusória porque crê em uma vulnerabilidade seletiva. No Brasil esse tipo de negacionismo perdurou, uma vez que – diferente do que acontece em muitos países da Europa, onde o sistema público de saúde é mais eficiente e democrático, sendo utilizado por quase toda a população – apenas as classes mais favorecidas têm como recorrer aos hospitais de medicina de ponta. Então, em determinado momento, se alguém fizesse parte das classes mais favorecidas, teria respiradores que funcionam, leitos disponíveis e o melhor atendimento à disposição, caso adoecesse. Com o avançar da pandemia essa crença foi caindo por terra e o negacionismo hipócrita começou a provocar angústia naqueles que acreditavam na vulnerabilidade seletiva.

Para além do narcisismo das pequenas diferenças, o negacionismo hipócrita se sustenta também no que Ferenczi (1933/1992) chamou de *hipocrisia*. Hipocrisia como a *recusa da empatia*, a crença de que a vida do outro importa menos do que a nossa própria vida, a vida dos nossos parentes, dos nossos amigos, do nosso círculo social mais próximo. Assim, no negacionismo hipócrita há também uma espécie de ruptura com a ideia do comum. O problema é que, quando a vulnerabilidade começa a se aproximar das classes mais favorecidas, os sujeitos vão entendendo que não podem abrir mão do comum, porque eles mesmos estarão expostos àquilo de que acreditavam estar protegidos.

A última forma de negacionismo, a que propus chamar de negacionismo pragmático, é também a mais controversa. O que seria negacionismo pragmático? É o negacionismo das classes menos favorecidas, que vivem em condições precárias de saneamento e de cuidados das instituições protetoras da vida social – escolas, hospitais, justiça. São aqueles demasiado habituados a viver em risco, para os quais o risco é cotidiano. Nesse sentido difunde-se, com o negacionismo pragmático, a ideia de que é preciso continuar trabalhando normalmente e de que "medidas sanitárias são para quem pode". Como o professor Marty apontou, é evidente que encontramos grupos mais vulneráveis na França, assim como em muitos outros países da Europa, mas no Brasil essa vulnerabilidade é mais radical. Na pandemia, muitas pessoas de fato não tiveram meios financeiros de comprar máscaras ou álcool em gel, além de viverem em casas com um grande número de moradores, onde o distanciamento social é mais difícil, ou mesmo impossível. No entanto, ao lado da naturalização das impossibilidades decorrentes da falta de recursos monetários, assistimos também a uma série de iniciativas criativas e de solidariedade que minoraram bastante o sofrimento de muitos cidadãos.

O problema do negacionismo pragmático é que ele se sustenta em um mecanismo de defesa que nós chamamos, mais uma vez inspirados em Ferenczi (1933/1992), de "identificação com o agressor", que inibe a criatividade e que tende a naturalizar a impotência e o sofrimento. Nesse sentido, ele é a contraface do negacionismo hipócrita. Trata-se de identificação com o agressor uma vez que determinados sujeitos acreditam de fato que as suas vidas valem menos que as vidas de outros atores do tecido social. Dessa forma, o negacionismo pragmático acaba tendo como consequência uma diminuição do valor da própria vida.

Já encaminhando uma conclusão, seria possível dizer que houve, no Brasil, uma sistemática produção do que Ferenczi (1933/1992) chamou de "confusão de línguas". Enquanto o discurso da ciência dizia da necessidade de proteção, de medidas sanitárias e da vacinação, o discurso institucional do Estado brasileiro era atravessado pelo(s) negacionismo(s), tanto dos riscos da pandemia quanto das medidas de proteção a ela, e até mesmo das mortes computadas. Havia o tempo inteiro um questionamento da veracidade das informações divulgadas pela mídia, como houve recentemente o questionamento acerca da própria adequação da vacinação. Felizmente, o questionamento quanto à necessidade de vacinação e à segurança das vacinas não vingou no nosso país, que tem uma enorme tradição de vacinação em massa promovida pelo Sistema Único de Saúde (SUS), e hoje o Brasil é um país razoavelmente bem vacinado, comparado inclusive com outros países mais ricos. A questão é que essa confusão de línguas tem como efeito a produção de uma dúvida incrustada nos sujeitos em relação às suas próprias percepções. Essa confusão provoca *recusas* das próprias percepções, *Verleugnungen*, e no limite o sujeito passa a desacreditar de toda e qualquer informação que produza alguma angústia.

Quem é o maior interessado no fenômeno provocado por essa confusão de línguas? Produz-se com essa confusão algo bem próximo do que Freud (1921/1980c) descreveu como pânico na vida social, quando os nossos ideais são atingidos e não há mais no que acreditar. Quem lucra com isso é efetivamente o governo, porque, se não temos mais no que acreditar, também não podemos responsabilizar ninguém por essas 615 mil mortes. *Há uma produção ativa, estratégica, de confusão de línguas na vida social, que tem como objetivo a desresponsabilização daqueles que foram eleitos para cuidar da população brasileira.*

Para concluir, a ideia de *um* Brasil contra a civilização, que é o subtítulo da minha apresentação, aponta para uma hipótese com a qual eu gostaria de terminar, que é a da existência de uma relação do negacionismo com uma certa psicopatia. Parece-me que houve uma aposta na desresponsabilização pela gestão da pandemia feita pelo governo brasileiro. A partir da ideia de que o processo civilizador é muito exigente e de que talvez os sujeitos não suportassem durante muito tempo as renúncias exigidas por causa de uma crise pandêmica, houve uma aposta no avesso do processo civilizador, ou seja, numa espécie de neodarwinismo social extremo: os vulneráveis podem morrer e os fortes sobrevivem. Há um discurso governamental que sustenta, em vários registros, essa ideia.

O problema é que essa concepção neodarwinista social extrema é de uma crueldade ímpar, sobretudo porque responsabiliza a vítima. Assim, as pessoas que perderam entes queridos – avós, pais, filhos, amigos, conhecidos – se envergonharam dessas mortes. E é bem provável que aqueles que morreram, no processo de adoecimento, tenham atravessado uma experiência de culpa e também de vergonha. A psicopatia produzida pelo Estado brasileiro tem esta marca de crueldade: responsabilizar a vítima e desresponsabilizar aqueles que foram colocados em posições de autoridade com a função ou com a tarefa ética e política de cuidar do laço social brasileiro e de cada um dos cidadãos.

Obrigado.

Pergunta do público

Até que ponto podemos fazer frente a essa violência destrutiva das pulsões parciais, a psicopatia, a perversão? Será possível manter a aposta freudiana apresentada no texto "Sobre a transitoriedade" (Freud, 1916/2015) – de que não importa destruirmos as riquezas da civilização, pois sempre poderemos, após o luto, reconstruir o que é importante – na atualidade?

Comentário (Daniel Kupermann)

Obrigado pela questão. Vou tentar comentá-la, mas trata-se de uma questão irrespondível. Como fazer para combater um certo ataque à civilização, que foi a tônica da fala do professor Marty e, também, um pouco do que eu tentei trazer? É muito importante reconhecer que o ataque à civilização pelos grupos que não se sentem incluídos nessa mesma civilização, quer dizer, pelos grupos segregados, é compreensível. O problema – que o professor Marty ilustrou em relação à França – é quando o próprio Estado promove, ocupa uma posição de frente no combate à civilização, que é para onde caminhamos no Brasil.

Vou até fazer um comentário, se você me permite. Eu vi aqui que há algumas perguntas na linha do que você está trazendo, então vou tentar comentá-las em grupo, rapidamente. Por exemplo, há a observação de uma pessoa que diz ter ficado perplexa com a minha "fala ideológica" e pergunta onde estão os laços com a psicanálise. Veja, eu busquei o tempo inteiro estabelecer laços com a teoria psicanalítica, e fundamentar metapsicologicamente meu argumento. Se isso pôde ser escutado como "ideológico", onde está o problema? De fato, não se pode fazer uma análise de um fenômeno social e político com absoluta neutralidade. Quando buscamos compreender determinado fenômeno que se passa na vida social e política a partir das nossas concepções do que ocorre, é impossível não se posicionar em relação a isso. Eu queria ressaltar isso porque achei importante esse comentário.

Onde está a ligação com a psicanálise? A psicanálise nos permite, nos ajuda a pensar a realidade, e eu busquei apresentar para vocês um conceito, a *Verleugnung*, tornando-o uma ferramenta para pensar nossa experiência pandêmica, evitando reduzi-la tanto à leitura que Freud faz deste conceito, que é uma leitura intrapsíquica, quanto à leitura que Ferenczi faz, que é uma leitura relacional.

Negar que no Brasil de hoje reina uma espécie de confusão de discursos que conduzem a uma desresponsabilização do governo, eu sinceramente acho muito difícil de sustentar. Agora, claro, isso deve ser discutido mais profundamente e aí talvez a resposta para a primeira questão. Nas democracias modernas ou contemporâneas existe uma certa tendência a uma espécie de alternância de poder, primeiro porque existem eleições de tempos em tempos – no Brasil a cada quatro anos –, de forma que os grupos não fiquem confortavelmente consolidados numa posição de poder e, consequentemente, sejam dificultados de levar o seu poder a extremos, para usar o termo proposto pelo evento. É claro que nós nos colocamos como cidadãos que se posicionam, votando, discutindo questões, mas por outro lado as ciências humanas e sociais nos oferecem instrumentos que nos ajudam a interpretar nossa realidade. E qual é a importância das chamadas ferramentas teóricas, como diziam Deleuze e Guattari (2010)? É que elas nos ajudam a escapar da confusão reinante, que é uma confusão estratégica – que chamei de uma confusão de línguas no tecido social – que faz com que duvidemos de tudo o que percebemos e do que acreditamos.

O relativismo absoluto é inócuo, esterilizante, e o que tentamos fazer a partir da psicanálise e de outros saberes é justamente tentar escapar de uma confusão propositalmente produzida por mentiras, *fake news*, discursos que não têm compromisso com a verdade; ou seja, discursos modulados de acordo com o público ao qual determinado político se dirige. Então, para um público ele diz A, vira-se para o outro lado e fala o contrário, de modo que não há nenhum compromisso com a verdade, apenas com o poder e com a imposição violenta das próprias agendas. O texto "Psicologia de grupo e análise do ego", conhecido como "Psicologia das massas"(Freud, 1921/1980c), que faz 100 anos, como disse, é de uma atualidade incrível no Brasil contemporâneo. E pensar o nosso tempo é justamente o que tentamos fazer, não só nos consultórios – porque no consultório as questões em geral não são dessa ordem que estamos tratando aqui hoje, ainda que estejam atravessadas pelas questões sociais e políticas – mas também nos debates, nos colóquios, na universidade, lócus onde nós atuamos. É preciso aprender a pensar o nosso tempo, o contemporâneo, como diz Agamben (2009).

De fato, não é exatamente uma resposta, mas uma tentativa de pensar com você. Eu acho que Freud foi de um otimismo raro no texto sobre a transitoriedade (Freud, 1916/2015), que é escrito no meio da guerra, em 1915-1916, se não me engano. A questão é que Freud não viu o que se passou na Europa durante a Segunda

Guerra, ele teve que ir embora de Viena em 1938 e morreu em 1939 em Londres, justamente durante a ascensão do nazismo. Se ele pudesse falar *a posteriori* sobre o que se passou, talvez não dissesse com tanta convicção que tudo que foi destruído pela Primeira Guerra Mundial seria reconstruído depois.

Referências

Agamben, G. (2009). *O que é o contemporâneo?* Chapecó: Argos.

Deleuze, G., & Guattari, F. (2010). *O que é a filosofia?* São Paulo: 34.

Ferenczi, S. (1992). Confusão de língua entre os adultos e a criança. In S. Ferenczi, *Psicanálise IV*. São Paulo: Martins Fontes. (Trabalho original publicado em 1933).

Freud, S. (1980a). Fetichismo. In S. Freud, *Edição standard brasileira das obras psicológicas completas de Sigmund Freud* (Vol. 21). Rio de Janeiro: Imago. (Trabalho original publicado em 1927).

Freud, S. (1980b). O futuro de uma ilusão. In S. Freud, *Edição standard brasileira das obras psicológicas completas de Sigmund Freud* (Vol. 21). Rio de Janeiro: Imago. (Trabalho original publicado em 1927).

Freud, S. (1980c). Psicologia de grupo e análise do ego. In S. Freud, *Edição standard brasileira das obras psicológicas completas de Sigmund Freud* (Vol. 18). Rio de Janeiro: Imago. (Trabalho original publicado em 1921).

Freud, S. (1980d). Sobre o narcisismo: uma introdução. In S. Freud, *Edição standard brasileira das obras psicológicas completas de Sigmund Freud* (Vol. 14). Rio de Janeiro: Imago. (Trabalho original publicado em 1914).

Freud, S. (2015). Transitoriedade. In S. Freud, *Arte, literatura e os artistas*. Belo Horizonte: Autêntica. (Trabalho original publicado em 1916).

Greenstone, M., & Nigam, V. (2020, March 30). *Does Social Distancing Matter?* University of Chicago, Becker Friedman Institute for Economics Working Paper N. 2020-26. Recuperado de https://ssrn.com/abstract=3561244 or http://dx.doi.org/10.2139/ssrn.3561244.

4. Novo retorno do traumático na psicanálise hoje: além do mal-estar?[1]

Marta Rezende Cardoso

Aprofundar a problemática do trauma, considerando seu papel e incidência na subjetividade e cultura contemporâneas e sua articulação com a dimensão de narcisismo e alteridade, é a perspectiva central deste artigo. Parto de uma questão de grande relevância no debate psicanalítico hoje: as novas configurações subjetivas, aquelas que se mostram marcantes na atualidade, exigiriam a construção de novos modelos teóricos no campo psicanalítico? No meu entender, para apreendermos a singularidade dessas situações clínicas, cujas modalidades de sofrimento, de base traumática, muitas vezes têm caráter extremo, é preciso, em primeiro lugar, aprofundar certas proposições da obra freudiana.

Portanto, para uma compreensão depurada da dimensão de traumático e de seus principais destinos na clínica contemporânea é necessário retomarmos as incontornáveis ferramentas propostas por Freud a partir do *tournant* teórico-clínico operado em sua obra, sistematizado em 1920 (Freud, 1920/1996a) com a postulação da

1 Publicado anteriormente em *Ágora*, Rio de Janeiro, *XXI* (2), maio/ago. 2018, 149-157.

pulsão de morte. A preparação desse aporte conceitual revolucionário que, num processo de criação em espiral, veio ressignificar ideias anteriormente semeadas, teve início em torno dos anos 1910 em resposta à demanda eminentemente clínica. E, no que tange ao conjunto da teoria, a introdução do conceito de narcisismo (Freud, 1914/1996f), com suas significativas implicações na globalidade do edifício teórico da psicanálise, constitui contribuição das mais importantes, solo a partir do qual irá germinar, como sabido, uma nova concepção do conflito psíquico, considerando, com efeito, seus múltiplos desdobramentos.

Uma investigação realmente consistente da problemática das configurações subjetivas na atualidade, estreitamente vinculada, aliás, com as de trauma, excesso pulsional/fragilidade narcísica, necessita esse "fazer trabalhar" das formulações de Freud, particularmente das que integram o referido segundo tempo de sua obra. Para o propósito em questão – como realizado em vários artigos da coletânea *Excesso e trauma em Freud: algumas figuras*, organizada por Cardoso (2017) –, trata-se de revisitar, com o devido rigor, a partir de uma leitura analítica, efetivamente interpretativa, a profunda reviravolta envolvida na construção desse segundo tempo do legado freudiano. É preciso repetir, mas para tentar elaborar – perlaborar, poder-se-ia dizer – o que nesse já se apresentava como ferramenta teórica para se dar conta dos fundamentos de alguns fenômenos clínicos que ultrapassam o modelo da neurose, ancorada, por sua vez, no recalque. Foram precisamente situações fronteiriças que, como imposição clínica, conduziram Freud, no contexto psicanalítico da época, a realizar uma revolução teórica rumo ao enfrentamento do "estranho" na vida psíquica, viés distinto daquele que nos fala da ação, no interior, de um "corpo estranho".

A pulsão de morte, postulada como pulsão por excelência, em oposição às multifacetadas pulsões de vida, e, depois, a construção da segunda tópica (Freud, 1923/1996c), fazendo jus à complexidade do psiquismo e, ainda, da teoria da angústia revisitada (Freud, 1926/1996b), ela também a partir da insistência do trauma e do desamparo na esfera clínica, foram profundas mudanças que se deram mediante o confronto com paradigmas habitados pela dimensão do "extremo". Naquele período, a teoria freudiana via-se desafiada por respostas acionadas pela compulsão à repetição, as quais sinalizavam a dominância do além do princípio do prazer.

Está aí certamente em jogo, como determinação maior, a interrogação que Freud e seus interlocutores fizeram diante da inquietante estranheza seja da psicose, seja de outros estados psíquicos, entendidos, *a posteriori*, como narcísicos quando da introdução desse conceito. Observe-se ainda a profunda consequência que este teve na compreensão do funcionamento do ego em sua relação fronteiriça com as outras instâncias e da subjetividade humana diante da alteridade, a partir dos pontos de vista do patológico e da vida normal.

Dois tempos de latência do trauma e de seu retorno na teoria

O modelo do segundo dualismo pulsional é indissociável do ressurgimento da questão do trauma em Freud, que havia permanecido silenciado desde o "abandono" da teoria da sedução. O retorno do traumático na obra freudiana, espécie de "retorno do recalcado" que ocorre no período dos anos 1910-1920, se dá a partir de fundamentos absolutamente distintos daqueles que, num outro tempo, formaram a teorização sobre a etiologia das neuroses de transferência, conforme avançado por Cardoso (2011). Após permanecer por longo tempo em estado de latência na teoria, o traumático nela fará, então, ruidoso retorno. Observa, por exemplo, Fortes (2012, p. 94) que Freud ingressa na questão central de 1920 com uma reflexão assentada no trauma: "A utilização do modelo do trauma veio demonstrar que o pulsional é traumático, consistindo a pulsão de morte no próprio impacto traumático causado pelo excesso pulsional". É possível se perceber que essa teorização resulta de um verdadeiro movimento de *a posteriori* teórico-clínico.

O elemento nodal desse período, seu ponto culminante, é a emergência da pulsão de morte, irredutível, como sabido, ao campo da representação e do princípio de prazer. No interior desse campo, têm forte destaque as neuroses traumáticas, em sua diferença radical com as neuroses de transferência, base da investigação de Freud até então. Seu olhar se dirigiu a uma perspectiva da subjetividade humana, individual e grupal, na qual impera, conforme por ele genialmente explorado, um funcionamento "além do princípio do prazer", a repetição em sua vertente demoníaca sendo sua mais expressiva figura clínica.

É a essa mesma vertente demoníaca que hoje somos novamente confrontados, e de forma ainda mais exuberante que aquela que desencadeou, ou melhor, exigiu a citada reviravolta no pensamento de Freud nos anos 1910-1920, pelo incremento de configurações de base traumática, aquém da neurose. Esse incremento é assinalado por vários autores marcantes no debate atual sobre o tema – e a título de ilustração, cito aqui apenas alguns deles e seus trabalhos: André (1999, 2013), Chabert (1999a, 1999b), Green (1999, 2002, 2011), Roussillon (1999, 2001, 2008).

Temos acompanhado considerável ampliação do espaço concedido à investigação e discussão sobre os estados-limite, sobre os sofrimentos identitário-narcísicos, de acordo com a denominação utilizada por Roussillon (1999). Esse movimento se seguiu a um período de relativo silêncio, ou seja, de um tempo de segunda latência das problemáticas do trauma e do "extremo" na psicanálise, dessa vez num contexto pós-freudiano. Isso se deu na produção teórica, mas pela predominância de certo perfil na demanda clínica. Porém, muito antes desse retorno do traumático, nos era oferecida a magistral contribuição de Ferenczi (1999) sobre o trauma e sobre o manejo da técnica nos "casos difíceis", conforme sua designação. Ou seja, sua obra constitui inegável exceção nesse tempo de "silêncio" ao qual acabo de me referir. Talvez essa seja praticamente uma das únicas exceções, se não a única realmente significativa dentro da tendência dominante que sublinhei, de certa neutralização do trauma da clínica do "extremo" (Pommier, 2008) e que assim se manteve até há relativamente pouco tempo, apesar da forte presença dessas questões no período final da obra freudiana. Nele, insiste o modelo da neurose que orienta, já em 1930, a reflexão sobre o "mal-estar na civilização" (Freud, 1930/1996d), ainda que mesclado com o aporte da pulsão de morte, do além do princípio do prazer. De qualquer modo, o irredutível mal-estar a que Freud se reporta concerne, primordialmente, à questão da renúncia pulsional, dos limites ao sexual e à destrutividade, revisitando, em grande parte, o que foi teorizado a partir da clínica da neurose.

Esse segundo período de silêncio, de "recalcamento" do trauma na teoria psicanalítica veio a ser rompido há algumas décadas pelo expressivo incremento na clínica de casos outros além das neuroses. Isso tem imposto forte exigência à psicanálise de uma renovada teorização acerca dos elementos metapsicológicos, psicopatológicos e clínicos aí em jogo, especialmente de tudo o que concerne, mais uma vez, à dimensão do trauma, seus fundamentos e vicissitudes. Foi nesse ambiente teórico e, dentro de um contexto sociocultural determinado, próprio à atualidade, que veio novamente se impor essa exploração do traumático tendo em vista sua inegável importância na determinação de certas modalidades de sofrimento. Faço aqui menção aos sofrimentos psíquicos de caráter eminentemente narcísico, que nos falam, de fato, da prevalência de uma dor psíquica sobre a experiência do sofrimento. São estados-limite, assentados numa problemática das fronteiras psíquicas, os quais nos interpelam, dentre inúmeros outros aspectos, sobre os danos narcísicos implicados na história subjetiva, danos ao sentimento de si (Cardoso; Garcia, 2010; Estellon, 2014a, 2014b).

Como elemento central na proposta que enunciei anteriormente de "fazer trabalhar" as contribuições de Freud para desdobrá-las num novo solo psicopatológico e clínico, considerando a orgânica articulação delas com as peculiaridades de certo contexto histórico, cabe, neste ponto, pontuar a estreita relação existente entre trauma e narcisismo. A questão do trauma não pode ser analisada fora de sua correlação com a estruturação do espaço egoico, como problema da constituição e do funcionamento narcísicos, suscitando, portanto, uma pesquisa sobre a qualidade da delimitação e da manutenção das fronteiras egoicas nas situações clínicas. Por sua vez, esses aspectos só podem ser concebidos a partir da suposição de que a intensidade da força poderá eventualmente violentar essas fronteiras. E, caberia ainda acrescentar: essas fronteiras não podem ser concebidas fora do âmbito da relação eu/outro no interior da qual estão implicados, de uma só vez, os registros intrapsíquico e intersubjetivo. Tampouco podem ser analisadas fora dos limites existentes entre o espaço corporal e o espaço psíquico.

Como segundo elemento de análise, em direta continuidade com o primeiro, o narcisismo comporta em seu âmago a dimensão de alteridade. A questão do narcisismo não pode, então, ser entendida exclusivamente em sua referência ao campo do eu, pois concerne à relação fronteiriça entre o eu e o outro e, particularmente, aos espaços existentes entre esses dois polos. Abre-se, desse modo, uma via de aprofundamento do modelo do narcisismo através da fértil e complexa noção de limite em psicanálise, devendo esta ser trabalhada sob múltiplas perspectivas, inclusive a dos limites da representação: as marcas traumáticas indicam o que escapa à ligação, à representação, e também ao recalque, transgredindo, desse modo, os limites da neurose, sendo o recalque sua operação central.

Os estados-limite – tão estudados e debatidos na psicanálise atual por vasta gama de autores que, apoiando-se em Freud, buscam desbravar as figuras clínicas que, em grande parte, caracterizam a clínica atual – são estados assentados dominantemente no uso de defesas de caráter arcaico e elementar, aquém do recalque. Nesses estados clínicos, o ego do sujeito, transgredido pela força pulsional, traumática, convoca, como última defesa, recurso extremo de sobrevivência psíquica, o corpo somático ou, pela via do ato, o corpo em sua esfera motora. A questão da convocação do corpo, examinada a partir da relação eu/corpo e de sua relevância na constituição e funcionamento psíquicos, tem sido analisada de forma expressiva na literatura atual na área da psicanálise, como se pode constatar nas contribuições de Coblence (2010), Estellon (2014b) e Fernandes (2011). Coblence (2010) traz estudo aprofundado do tema, o qual serviu como fonte principal nas apresentações e discussões no congresso de língua francesa da Associação Internacional de Psicanálise, realizado em 2010, resultando em um número especial da *Revue Française de Psychanalyse*, intitulado *Entre psique e soma*.

A partir deste ponto, minha reflexão me conduz a elaborar as seguintes questões: de que modo essas situações clínicas podem ser pensadas em articulação com a questão do "mal-estar" na civilização, conforme trabalhada por Freud? O retorno do traumático, em seu segundo tempo, que veio a se impor na clínica e na teoria psicanalítica atuais, não adviria de outro patamar de experiência subjetiva e de "mal-estar"?

"Miséria Simbólica": a ausência do mal-estar como imperativo

Para dar conta do traumático, de um afluxo pulsional excessivo em sua tópica, o ego aciona defesas do tipo limite, mediante, muitas vezes, à convocação do registro do corpo e do ato. Há, nesse caso, uma regressão ao regime do sensório, a uma economia da percepção, sob o regime da excitação/descarga, da excitação/sensação. São defesas que revelam a presença de verdadeiro curto-circuito dos processos de elaboração psíquica. Sabe-se que os processos de pensamento demandam o adiamento da satisfação, o que pressupõe a constituição de fronteiras egoicas não excessivamente porosas, mas que, ao mesmo tempo, não se apresentam cristalizadas.

De acordo com François Richard (2012), haveria uma miséria simbólica, expressa na tendência que se revela marcante hoje, de respostas defensivas que se dão pela via de circuitos curtos, sem retenção. Isso estaria impossibilitando nos sujeitos uma efetiva vivência de satisfação. Complementa o autor que a psicanálise se encontra hoje diante de situações clínicas que podem ser consideradas patologias em exterioridade ou, em sua outra face, patologias de interioridade. Nos casos-limite manifestos, a interioridade psíquica seria, de certo modo, desconhecida, posto que expulsa na realidade de fora. No caso da neurose, há um conflito pulsional intrapsíquico, significativamente assentado no conflito edipiano. Nas ditas patologias "em exterioridade", há entrecruzamento do conflito pulsional com desconhecimento da interioridade.

Nos estados-limite, há a impossibilidade de um trabalho de luto, questão de grande importância na reflexão que aqui apresento: a questão do tempo. Nesse regime de autoexcitação permanente, tenta-se escapar da ação transformadora do tempo. O sujeito fica congelado no tempo do traumático, tempo do atual. A questão do trauma é indissociável da questão da memória, sendo que, nas situações clínicas em cuja base reside uma dimensão traumática, trata-se de uma memória sem lembrança, sem história. Sobre esse tópico, indica Sylvie Le Poulichet (2006, 2010) que as marcas, enclaves traumáticos, são "buracos" no tempo em que os acontecimentos não constituíram seu texto ou o perderam. Quando há impossibilidade de um trabalho de luto, o tempo não resolve... Uma das características nessas configurações subjetivas é a dificuldade de o eu chegar a habitar o corpo, de se apropriar de sua história.

Muitos têm privilegiado o registro pré-edípico em sua investigação sobre a problemática dos estados-limite. Mas como pensar esse registro sem levar em conta a sua necessária e estreita articulação com o complexo de Édipo? Quais seriam os entraves desse registro nessas patologias, com suas defesas precárias e elementares, considerando o peso que nelas comporta a temporalidade do arcaico? Richard (2011) nos convida a pensar numa espécie de "miséria simbólica" própria a esses casos, para apontar precisamente certos entraves que neles têm lugar na travessia do Édipo.

Quando Freud abre o horizonte da sexualidade infantil, isso se dá de modo inseparável da questão do Complexo de Édipo, ainda que ele só vá realmente insistir nesse ponto mais tarde. Mas, no terceiro dos *Três ensaios sobre a sexualidade* (Freud 1905/1996g), ao indicar a exigência de descolamento das figuras parentais após a puberdade como reação contra o complexo infantil, percebe-se que este descolamento nunca é totalmente passível de realização, muito menos no caso da neurose, em que haveria certo fracasso neste sentido.

Chabert (1999b) assinala que essa tarefa apresenta uma dificuldade de outra ordem nos estados-limite, a partir de distintas determinações. Dentre elas, é mencionada pela autora a problemática da perda e de sua elaboração, problemática central na adolescência. Essa elaboração pode encontrar-se especialmente dificultada nessa travessia da vida infantil à vida adulta, experiência subjetiva de trabalho psíquico em que se dá o *après-coup* do Édipo, sob novas condições (abertura a uma vida sexual genital efetiva). A interiorização dos interditos é vital no processo de subjetivação e se apresenta precária nos estados-limite, o que, aliado a outros fatores, leva à referida tendência à exteriorização. Nesses casos, parece haver significativa dificuldade no recalque das fantasias incestuosas, cujo resultado é um contrainvestimento maciço de impulsos incestuosos, fonte de angústia extrema. "No seio das fantasias originárias, e mais precisamente daquelas que se apoiam na cena primária, o sujeito se atribui um lugar na cena quando deveria dela se excluir e ser conduzido à posição infantil de impotência" (Chabert, 1999b, p. 103, tradução minha).

Segundo ainda a posição sustentada pela autora, observa-se, nesses casos, incapacidade de admitir a posição de exclusão pela passividade que esta implica e também pela angústia de abandono que provoca. Os limites porosos entre o eu e o outro se desdobram nessa dificuldade no sujeito de um suficiente afastamento da fantasmática incestuosa, englobando a criança na cena primária. Esse aspecto é vinculado à dimensão de fragilidade egoica, narcísica, agravada quando da passagem a outro patamar da vida psíquica, da entrada da figura paterna, que permanece fixada ao arcaico.

A entrada nessa ordem deve chegar a permitir o acesso do funcionamento psíquico aos processos de simbolização, possibilitando a elaboração das fantasias pré-genitais da cena primária, oferecendo uma cena estruturante à ambivalência do amor e do ódio. Nos estados-limite, a angústia de castração parece se confundir com a de fragmentação. O Édipo se faz sempre presente, sempre atual, mas sem ter sido estruturado como tal. Miséria simbólica interna, configuração subjetiva particular, com presença significativa na atualidade. Essas questões, relativas à particularidade e ao arcaísmo do Édipo nos estados-limite foram minuciosamente investigadas na tese de doutorado de Ney Klier Padilha Netto (2017), dedicada às compulsões sexuais, trabalho cuja leitura pode contribuir para esclarecer vários pontos aqui abordados quanto à suposição de um estado de miséria simbólica que, nos termos de Richard (2011, 2012), constitui traço importante nas configurações subjetivas que marcam a clínica hoje.

Vemos que a abertura e o aprofundamento da discussão dos estados-limite, com sua significativa presença na atualidade, ampliaram sensivelmente o horizonte do debate teórico e também clínico, lançando e aprofundando ideias, em particular da noção de limite. É preciso perceber que essa noção refere-se não apenas ao registro individual. Sua exploração é capaz de lançar luz sobre a compreensão da experiência coletiva, a partir de um ponto de vista psicanalítico, se levamos em conta os múltiplos aspectos em jogo, e que remetem à subjetividade humana, às formações culturais e ao estabelecimento de laços sociais.

Chamo aqui a atenção para o fato de ter sido justamente esse mesmo movimento que Freud operou alguns anos após ter conceituado o narcisismo, em 1914, quando da virada em sua teoria do ego. Com as novas ferramentas em mente, revolucionadas depois pelo postulado do *Além do princípio do prazer*, Freud produz, então, *Psicologia de grupo e análise do ego* (1921/1996e), texto no qual transita, com extremo rigor e arte, entre os dois planos, o individual e o coletivo. Ao explorar aí as formações grupais, sua obra atinge novo patamar de compreensão da vida subjetiva individual, mediante, por exemplo, o aprimoramento e a sistematização da noção de identificação. Acrescento, inclusive, que o tema do Complexo de Édipo é visivelmente enriquecido a partir de então; tema que, por si só, convoca, indiscutivelmente, a inter-relação entre os citados planos, mas, claro, considerando o ensinamento de Freud da maneira pela qual é capaz de promover essas articulações, com o cuidado de não os reduzir um ao outro, nem muito menos justapô-los.

Levando em conta a necessária articulação entre subjetividade e cultura e o peso do traumático nas novas configurações subjetivas, uma questão se desdobra das anteriormente levantadas: teríamos passado do "mal-estar" a um "além do mal-estar", caracterizando, de modo agudo e prevalente, as configurações subjetivas contemporâneas? Mediante o aprofundamento que procurei fazer de temas relevantes e significativamente presentes hoje na psicanálise – sobre a singularidade das configurações subjetivas e de seus padecimentos na contemporaneidade –, pergunto-me se essas novas formas de "mal-estar" não estariam situadas de fato, para além desse vivido.

Pontua Birman:

> *Não existem mais dúvidas sobre as mudanças nas formas de mal-estar na contemporaneidade. Todos estão de acordo quanto a isso. Existe, com efeito, uma transformação nas formas de mal-estar, que é reconhecida pelo discurso psiquiátrico e psicanalítico. No entanto, as divergências existem (Birman, 2006, p. 173).*

Porém acrescenta o autor que essas divergências concernem à interpretação dessas mudanças quanto ao que as fundamentaria, e não ao reconhecimento de sua existência. O saber psicanalítico é convocado a investigar essas questões, tendo se visto – de certa maneira – surpreendido por transformações cuja significação profunda e cujas implicações demandam ainda reflexão.

Afirmava Freud em *O mal-estar na civilização* que:

> *O sofrimento nos ameaça a partir de três direções: de nosso próprio corpo, condenado à decadência e à*

> *dissolução, e que nem mesmo pode dispensar o sofrimento e a ansiedade como sinais de advertência; do mundo externo, que pode voltar-se contra nós com forças de destruição esmagadoras e impiedosas; e, finalmente, de nossos relacionamentos com os outros homens (Freud, 1930/1996d, p. 95).*

Considero que estamos hoje, dominantemente, diante de situações clínicas situadas aquém dessas modalidades de sofrimento, formas de subjetivação que sinalizam para um "além do mal-estar". Essas modalidades de dor psíquica com respostas defensivas limites, para fazer frente à ação do traumático no mundo interno, vieram, de certo modo, promover esse novo retorno do traumático na teoria – conforme sugerido no tópico anterior deste artigo. Todo esse movimento demanda análise rigorosa sobre o papel da constituição e do funcionamento narcísico do sujeito e essa ressignificação da questão do "mal-estar" em psicanálise. Trata-se de considerar a particularidade desse vivido na contemporaneidade, tendo em vista, especialmente, o caráter radical de certas respostas defensivas, aquelas que caracterizam os estados-limite, os sofrimentos identitário-narcísicos.

Em 1930, Freud nos falava de um inevitável "mal-estar" traduzido pelo excesso de processos culturais resultando num processo de culpabilização diante da renúncia pulsional:

> *"...é bastante concebível que tampouco o sentimento de culpa produzido pela civilização seja percebido como tal, e em grande parte permaneça inconsciente, ou apareça como uma espécie de mal-estar, uma insatisfação, para a qual as pessoas buscam outras motivações" (Freud, 1930/1996d, p. 160).*

Segundo Ghislain Levy (2000, 2010), estaríamos hoje além, ou mesmo no sentido inverso, dessa perspectiva. Já não se visaria a restrição da felicidade individual por um a mais de civilização. Em nome, por exemplo, de um ideal tecnocientífico, o que a cultura contemporânea passou a tender a veicular é muito mais a garantia de uma felicidade de direito, promovendo, de certa maneira, uma reinvenção do princípio de prazer. Trata-se, no caso, de resposta extrema à dominância – no espaço psíquico – do além do princípio de prazer, última defesa que, com seu caráter presentificado, corresponde a uma "dominação" do excesso traumático. Essa defesa em muito se distingue dos processos de ligação. Em sintonia com minha reflexão, se interroga François Richard:

> *As novas patologias de exteriorização do conflito intrapsíquico, a tendência à expressão imediata dos movimentos pulsionais e a um nervosismo generalizado, que se acompanham de insatisfação tanto quanto sua inversão em uma destrutividade dirigida contra si mesmo, mas também em larga medida contra os outros, será que definem uma ruptura no mal-estar na cultura analisado por Freud, ou uma ruptura com esse mal-estar ao qual teria se seguido algo totalmente diverso? (Richard, 2011, p. 23, tradução minha).*

Nesses estados, uma das marcas é a dificuldade de o eu habitar o corpo, de se apropriar de sua história. Segundo Le Poulichet (2010), o esboço do eu-corporal não se diferencia aqui do arrombamento que sofreu, já que não houve adequada delimitação entre um fora e um dentro. O rasgão estendido no paraexcitação faz com que a energia dos sistemas atacados pelas excitações permaneça não ligada. São experiências do extremo (etimologicamente, o mais exterior), o que não pode ser reconhecido como familiar.

Do meu ponto de vista, estaríamos diante de um além do "mal-estar" cuja expressão, entre muitas outras figuras, seria a presença insistente nos sujeitos de uma expectativa narcísica de caráter ilimitado, pressupondo visível desconhecimento de seu sofrimento, mais precisamente, de sua dor psíquica. Acrescenta Levy (2010) que, imerso numa cultura voltada para o prazer absoluto, o sujeito tende a se encontrar numa situação de profundo isolamento, perda de singularidade, ao mesmo tempo que se encontra confundido com a massa. Observa-se um movimento tendendo à regressão do que seria a ligação a uma comunidade política, pois se trata, no caso, de uma espécie de adesão a uma massa hipnotizada, diferentemente do que seria o estabelecimento de laços sociais. Se não há limite para as exigências pulsionais, não há, portanto, o estabelecimento desses laços; ao menos, isso não se dá de maneira efetivamente sólida.

A economia pulsional tende a uma descarga radical no exterior, à evacuação imediata da energia pulsional, perturbadora no interior do psiquismo, implicando a perda da possibilidade de equilíbrio entre as exigências pulsionais e os processos culturais. Com muita justeza, mostra o referido autor que a intensificação da força da pulsão aqui em jogo se dá em detrimento dos recalcamentos organizadores da civilização.

Mediante, por exemplo, o culto narcísico do corpo, opera-se a denegação do mal-estar. O vivido de sofrimento se torna impensável, pois não é passível de ser localizado em nenhuma história, sendo, ao mesmo tempo, inescapável, mas como dor. Isso leva à suposição de uma espécie de barbárie que se situa justamente na ausência do mal-estar, resultando numa compulsão à autoexcitação permanente, desencadeada pela presença, no mundo interno, de elementos intraduzíveis, marcas traumáticas que não chegaram a se constituir como lembranças. Na impossibilidade de serem representados, esses elementos são apresentados num presente contínuo, permanentemente atualizado. O acionamento desse mecanismo supõe um vazio de pensamento, "miséria simbólica" que, sob um solo traumático, revela as falhas significativas nos processos de elaboração psíquica, campo no qual novamente o trauma retorna, mas num solo clínico e teórico que visivelmente ultrapassa a questão do mal-estar.

Referências

André, J. (Org.). (1999). *Les états limites*. Paris: PUF.

André, J. (2013). O a posteriori transferencial dos traumas do início da vida. *Ágora*, Rio de Janeiro, *16*(n. spe), 127-140.

Birman, J. (2006). Subjetividades contemporâneas. In J. Birman, *Arquivos do mal-estar e da resistência* (pp. 171-195). Rio de Janeiro: Civilização Brasileira.

Cardoso, M. R. (2011, março). Das neuroses atuais às neuroses traumáticas: continuidade e ruptura. *Revista Latinoamericana de Psicopatologia Fundamental*, São Paulo, *14*(1), 70-82.

Cardoso, M. R. (Org.). (2017). *Excesso e trauma em Freud: algumas figuras*. Curitiba: Appris.

Cardoso, M. R., & Garcia, C. (2010). *Entre o eu e o outro: espaços fronteiriços*. Curitiba: Juruá.

Chabert, C. (1999a). Les fonctionnements limites. In J. ANDRÉ (Org.), *Les états limites* (pp. 93-122). Paris: PUF.

Chabert, C. (1999b). Problématiques. In C. Chabert, B. Brusset, & F. Brelet-Foulard, *Névroses et fonctionnements limites* (pp. 73-128). Paris: Dunod.

Coblence, F. (2010). La vie d'âme: psyché est corporelle, n'en sait rien. *Revue Française de Psychanalyse*, *74*(5), 1285-1356.

Estellon, V. (Org.). (2014a). *Actualité des états limites*. Paris: Erès.

Estellon, V. (2014b). *Les états limites*. Paris: PUF.

Ferenczi, S. (1999). *Obras completas*. São Paulo: Martins Fontes.

Fernandes, M. H. (2011). As relações entre o psíquico e o somático: o corpo na clínica psicanalítica. In C. A. Garcia, & M. R. Cardoso (Orgs.), *Limites da clínica, clínica dos limites* (pp. 47-62). Rio de Janeiro: Companhia de Freud / Faperj.

Fortes, I. (2012). *Dor psíquica*. Rio de Janeiro: Companhia de Freud.

Freud, S. (1996a). Além do princípio do prazer. In S. Freud, *Edição standard brasileira das obras psicológicas completas de Sigmund Freud* (Vol. 18). Rio de Janeiro: Imago. (Trabalho original publicado em 1920).

Freud, S. (1996b). Inibições, sintomas e ansiedade. In S. Freud, *Edição standard brasileira das obras psicológicas completas de Sigmund Freud* (Vol. 20). Rio de Janeiro: Imago. (Trabalho original publicado em 1926).

Freud, S. (1996c). O Ego e o Id. In S. Freud, *Edição standard brasileira das obras psicológicas completas de Sigmund Freud* (Vol. 19). Rio de Janeiro: Imago. (Trabalho original publicado em 1923).

Freud, S. (1996d). O mal-estar na civilização. In S. Freud, *Edição standard brasileira das obras psicológicas completas de Sigmund Freud* (Vol. 21). Rio de Janeiro: Imago. (Trabalho original publicado em 1930).

Freud, S. (1996e). Psicologia de grupo e análise do ego. In S. Freud, *Edição standard brasileira das obras psicológicas completas de Sigmund Freud* (Vol. 18). Rio de Janeiro: Imago. (Trabalho original publicado em 1921).

Freud, S. (1996f). Sobre o narcisismo: uma introdução. In S. Freud, *Edição standard brasileira das obras psicológicas completas de*

Sigmund Freud (Vol. 14). Rio de Janeiro: Imago. (Trabalho original publicado em 1914).

Freud, S. (1996g). Três ensaios sobre a teoria da sexualidade. In S. Freud, *Edição standard brasileira das obras psicológicas completas de Sigmund Freud* (Vol. 7). Rio de Janeiro: Imago. (Trabalho original publicado em 1905).

Green, A. (1999). Genèse et situation des états limites. In J. André (Org.), *Les états limites*. Paris: PUF.

Green, A. (2002). *Idées directrices pour une psychanalyse contemporaine*. Paris: PUF.

Green, A. (2011). Répétition et compulsion de répétition. Relation à l'objet et alienation à l'objet. Quelques hypothèses sur la fonction de la compulsion de répétition. In: B. Chervet, *La compulsion de répétition*. Paris, PUF.

Le Poulichet, S. (2006). *L'oeuvre du temps en psychanalyse*. Paris: Payot.

Le Poulichet, S. (2010). *Les chimères du corps: de la somatisation à la création*. Paris: Flammarion.

Levy, G. (2000). *Au-délà du malaise – Psychanalyse et barbaries*. Paris: Érès.

Levy, G. (2010). *L'ivresse du pire*. Paris: Campagne Première.

Padilha Netto, N. K. (2017). *Adicção sexual: um combate contra Eros?* [Tese de doutorado]. Programa de Pós-graduação em Teoria Psicanalítica da UFRJ.

Pommier, F. (2008). *L'extrême en psychanalyse*. Paris: Campagne Première.

Richard, F. (2011). *L'actuel malaise dans la culture*. Paris: Éditions de l'Olivier.

Richard, F. (2012). Les pathologies en extériorité: le sexuel en état limite. *Le Carnet PSY*, *160*(2), 30-35.

Roussillon, R. (1999). *Agonie, clivage et symbolisation*. Paris: PUF.

Roussillon, R. (2001). *Le plaisir et la répétition*. Paris: Dunod.

Roussillon, R. (2008). *Le transitionnel, le sexuel et la réfléxivité*. Paris: Dunod.

5. (Des)subjetivação, migração e refúgio: reflexões psicanalíticas[1]

Cristiano Dal Forno

Rita de Cássia dos Santos Canabarro

Mônica Kother Macedo

Introdução

Os deslocamentos de grupos humanos compõem capítulo sempre presente na história das sociedades. Na origem da formação dos povos, as diásporas estão relacionadas ao desenvolvimento econômico, ao crescimento demográfico, às mudanças climáticas ou, ainda, a guerras, a revoluções políticas e a golpes de Estado com violações de direitos humanos, que levam à migração forçada ou voluntária (Nunes & Oliveira, 2015).

Evidenciam-se, na contemporaneidade, quando considerado o cenário internacional, dramas de famílias que se veem separadas por períodos indeterminados e dificuldades que vão do processo concreto de deslocamento, muitas vezes marcado pela miséria e exploração humana, aos conflitos envolvendo a reinserção dos migrantes e refugiados em novos territórios e culturas, em diversos

1 Publicado anteriormente em *Ágora*, Rio de Janeiro, *XXVI* (1), jan./abr. 2021, 10-18.

países do mundo.[2] Representando os muitos meandros que caracterizam a complexidade dos deslocamentos humanos contemporâneos destaca-se o caso da diáspora síria, cujo fluxo significativo de pessoas em busca de refúgio nos diversos países da Europa desvela, aos olhos do mundo, a crescente resistência no acolhimento, os sucessivos casos de naufrágios e a morte de dezenas de pessoas no mar Mediterrâneo (Andrade, 2011; Lacerda et al., 2015).

De acordo com o Alto Comissariado das Nações Unidas para Refugiados (Acnur), nas últimas décadas os deslocamentos forçados, que configuram situações de refúgio, chegaram à estatística sem precedente histórico de mais de 67 milhões de pessoas que, no mundo, deixaram seus locais de origem devido a conflitos, perseguições e graves violações de direitos humanos.[3] Destas, 22 milhões atravessaram fronteiras internacionais e tiveram os direitos de refugiados reconhecidos (Acnur, 2017). Nessa mesma perspectiva, a dramaticidade da situação evidencia-se na estimativa de que o mundo, atualmente, "produza" 24 refugiados a cada minuto, correspondendo ao maior número desde a Segunda Grande Guerra (Acnur, 2016).

Hodiernamente, em se tratando especificamente da categoria de refugiados solicitantes de acolhimento no Brasil, segundo informações do Comitê Nacional para os Refugiados (Conare) – órgão interministerial presidido pelo Ministério da Justiça e Segurança

---

2 Com o objetivo de assinalar diferenças, no *Glossário sobre Migração* da Organização Internacional para as Migrações (OIM, 2009), encontram-se definições contrastantes entre "*migrante*" e "*refugiado*", que situam, respectivamente, de um lado a "livre decisão" e a "conveniência pessoal" e, de outro, delimitam a "ameaça" e a "perseguição".

3 Conforme o Acnur (2017, p. 8), por "refugiado", assume-se aquele que está "fora de seu país de origem devido a fundados temores de perseguição relacionados a questões de raça, religião, nacionalidade, pertencimento a um determinado grupo social ou opinião política, como também devido à grave e generalizada violação de direitos humanos e conflitos armados".

Pública –, o número total de solicitações de refúgio aumentou mais de 2.868% entre 2010 e 2015 (de 966 solicitações em 2010 passou para 28.670 em 2015). A maioria dos solicitantes de refúgio vem da África, da Ásia (inclusive Oriente Médio) e do Caribe. Além disso, ainda segundo esse órgão governamental, o Brasil possui atualmente 8.863 refugiados reconhecidos, de 79 nacionalidades distintas.[4]

No cenário das migrações transnacionais do século XXI, destaca-se o intenso fluxo de haitianos que têm se destinado ao Brasil, evidenciando, simultaneamente, o processo emigratório histórico do Haiti e as restrições impostas pelos Estados Unidos e pela Europa à recepção dessa imigração (Baeninger & Peres, 2017). Para além da significativa pobreza no Haiti, agravada pelo terremoto de 2010, a diáspora haitiana no contexto brasileiro deve ser compreendida tendo em conta vinculações geopolíticas anteriores entre Brasil e Haiti (Cogo, 2014). Nesse sentindo, giza-se que, em abril de 2004, a partir da criação da Missão das Nações Unidas para a Estabilização do Haiti (Minustah) pela ONU, após a derrubada do presidente haitiano, coube ao Exército brasileiro assumir o controle das tropas e atuar em áreas relacionadas à segurança, à infraestrutura, à estrutura do Estado e às garantias e liberdades democráticas (Cogo, 2014; Moraes et al., 2013; Nunes & Oliveira, 2015). Somente entre 2010 e 2013, estima-se que mais de 9 mil haitianos conseguiram regularização no Brasil por meio de vistos humanitários, modalidade de visto criada pelo governo federal especificamente para a imigração haitiana (Cogo, 2014; Moraes et al., 2013).

Considera-se que cada sociedade, cada país, constrói suas políticas de imigração de acordo com sua forma de conceber o imigrante e conforme suas necessidades, materializando e operacionalizando,

4 Fonte: Dados do Balanço sobre Refúgios no Brasil. Publicado em Alto Comissariado das Nações Unidas para Refugiados, notícia. Disponível em: http://www.acnur.org/portugues/recursos/estatisticas/dados-sobre-refugio-no-brasil/.

por meio destas, as representações e os imaginários sociais que terão forte influência e determinação nas ações concretas a ordenar a vida em sociedade (Nunes & Oliveira, 2015). Registra-se, nesse sentido, o significativo episódio de, inicialmente, o Brasil não receber haitianos como refugiados, mas condicionar seu ingresso no território nacional a um visto humanitário, expedido em número bastante limitado, tendo em conta o fluxo apresentado. A Lei Brasileira 9.474/1997 e a Convenção de Genebra não contemplam entre as causas de pedido de refúgio os eventos ambientais, de modo que, com base nessas regulações, os imigrantes haitianos legalmente não poderiam ser recebidos na qualidade de refugiados. Como registram Moraes et al. (2013), os haitianos solicitaram refúgio no Brasil, mas o Conare entendeu que o motivo apresentado por eles, qual seja, o deslocamento por desastre natural, problemas econômicos e sociais, não se encontrava contemplado nas categorias de perseguição, elencadas pelo direito internacional e pela lei brasileira vigente como justificativa para essa modalidade de acolhimento.

Em vista dessa especificidade e objetivando uma solução legal para a questão, o Conare repassou o caso ao Conselho Nacional de Imigração (CNIg), que, em uma decisão histórica, concedeu visto humanitário de residência aos haitianos, permitindo-lhes trabalhar e estudar no Brasil (Coentro, 2011; Moraes et al., 2013). Nesse desenrolar jurídico, evidencia-se a fragilidade da política migratória brasileira, tendo em conta que não foi a Secretaria de Direitos Humanos ou o Ministério das Relações Exteriores, mas o CNIg, vinculado ao extinto Ministério do Trabalho e Emprego, o órgão designado para a emissão dos vistos humanitários aos haitianos (Rosa, R., 2015).

Destaca-se, do registro de Nunes e Oliveira (2015), que a marcada presença do Brasil no Haiti, desde 2004 liderando a Minustah, criou nos haitianos a expectativa de que poderiam melhorar suas vidas em terras brasileiras, motivando um redirecionamento de sua rota de imigração, anteriormente voltada aos Estados Unidos. Os autores explicitam que não seria diplomático por parte do governo brasileiro reprimir tal fluxo migratório, sobretudo porque tem a meta de conquistar um assento no Conselho de Segurança da ONU, a qual, inclusive, justificaria a aceitação do convite para chefiar a supracitada missão de estabilização política do Haiti. Desvela-se, a partir disso, que, no ingresso desses migrantes haitianos no Brasil, o critério priorizado é de ordem eminentemente política e não humanitária, podendo ter como consequência, na melhor das hipóteses, o atendimento às necessidades básicas de sobrevivência física dessa população, ficando-lhe preterida a necessária atenção à subjetividade de seus integrantes.

Pelo valor simbólico que portam, alguns acontecimentos recentes denunciam a crueldade que se tenta, a duras penas, velar quando a alteridade, por meio dos movimentos migratórios, impõe-se, rompendo as fronteiras entre os países. Na paradisíaca ilha italiana de Lampedusa – considerada porta de entrada da Europa para os imigrantes que chegam pelo mar Mediterrâneo –, ergueu-se o Monumento "Porta de Lampedusa". Inaugurada em 2008, a obra de arte busca simbolizar a história de milhares de migrantes que enfrentaram muitas dificuldades indo atrás de uma vida melhor na Europa. As margens dessa ilha foram o cenário no qual muitos migrantes morreram, em vários naufrágios que associaram o nome "Lampedusa" à palavra "tragédia" (Delfim, 2016). Paradoxo semelhante, em que a busca por vida leva ao encontro com a morte, fica explícito na imagem, que chocou o mundo, do corpo à deriva de Aylan Kurdi, de 3 anos, encontrado morto em uma praia da Turquia em 2015.[5] Outro impactante registro da faceta catastrófica e cruel presente nas diásporas contemporâneas está na imagem da menina de um ano e onze meses e seu jovem pai que morreram

5 Disponível em: http://www.bbc.com/portuguese/noticias/2015/09/150903_aylan_historia_canada_fd.

afogados no Rio Grande, em junho de 2019, ao tentarem ingressar nos Estados Unidos via México.[6] Essas duas imagens, na qualidade de símbolos, podem ser assumidas como expressões sociais da violência humana enfrentada por migrantes e refugiados na busca por nova morada e por condições de (sobre)vida.

Em vista disso, faz-se mister reconhecer, entre outros aspectos, o risco de seguir velando elementos como a crueldade humana que subjaz ao processo civilizatório. Sendo assim, a psicanálise é assumida, neste estudo, como aporte teórico para a busca de uma compreensão aprofundada do tema em análise, possibilitando o reconhecimento da complexidade dos elementos eminentemente humanos que estão para além de acordos e convenções sociais e jurídicas e contemplando o sujeito que vivencia no processo da diáspora, muitas vezes, experiências potencialmente traumáticas em situações de marcada violência e desfavorecimento social. Tal escolha encontra seu fundamento na constatação de que, diante de importantes fenômenos sociais, tal como o migratório, e de grandes crises, como os que ocasionam ou são consequentes aos deslocamentos de grandes contingentes de sujeitos, muitas áreas do conhecimento mobilizam-se e passam a se dedicar ao estudo e ao aprofundamento dessas questões.

Opta-se, neste artigo teórico, por empreender uma investigação a respeito da (des)subjetivação que pode acompanhar a experiência de migração e refúgio. Para tal, serão apresentadas, inicialmente, proposições freudianas acerca dos impasses decorrentes da destrutividade pulsional e de seus efeitos no laço social. A violência dirigida ao outro na condição de "estrangeiro" e suas relações com a destrutividade e o traumático serão analisadas a partir de aportes psicanalíticos. Procurar-se-á, sustentando-se nas proposições de

---

6 Disponível em: https://g1.globo.com/mundo/noticia/2019/06/26/pai-salvadorenho-e-filha-morrem-ao-atravessar-rio-na-tentativa-de-chegar-aos-eua.ghtml.

Bleichmar (2005, 2014) sobre os eixos de autoconservação da vida e autopreservação do Eu, explorar processos mediante os quais a realidade institui ou destitui formas de subjetivação. Desse modo, partindo dos meandros das renúncias pulsionais necessárias ao estabelecimento da civilização e dos impasses autoritários que lhes são decorrentes, problematizar-se-ão aspectos da experiência migratória e de refúgio.

Destrutividade e Eros: impasses no processo civilizatório

Abordar o tema da destrutividade sob a ótica da psicanálise remete ao magistral texto freudiano de 1920. Como afirma Birman (2016, p. 58), é nesse texto que, decorrente da enunciação decisiva do conceito de pulsão de morte, Freud evidencia "novos impasses teóricos sobre o laço social e sobre o contrato social". A conceitualização de pulsão de morte resulta da constatação freudiana "de que o homem leva em seu seio um componente de ódio, uma inclinação à agressão e à destruição e, portanto, à crueldade" (Green, 2014, p. 42). A partir de então, não restam dúvidas acerca da existência e da importância de forças destrutivas imperantes na estrutura social e nas relações interpessoais. Como destaca Birman (2016), na sequência dos ensaios freudianos sobre cultura e sociedade, a leitura do laço social e do mal-estar nele presente está sustentada na "economia da pulsão de morte" apresentada em 1920, mediante a qual afirma-se ser o homem um animal de horda e não um animal de massa.

A inclinação para a agressão, existente no homem, segundo Freud (1930/2006b), configura fator relevante na perturbação dos relacionamentos entre os sujeitos, de forma que resulta em um considerável dispêndio de energia para que o relacionamento com o outro se torne viável. Dessa forma, para o psicanalista, a civilização empenha-se fortemente em estabelecer limites aos impulsos agressivos dos sujeitos e controlar as manifestações destes por meio de formações psíquicas reativas, como o uso de métodos que viabilizam as identificações e os relacionamentos amorosos inibidos em sua finalidade, os quais carregam consigo contenções à vida sexual.

Com isso, sustentam-se, metapsicologicamente, as modalidades pelas quais o psiquismo sacrifica seu interesse de investimento sexual direto em prol do estabelecimento de relacionamentos em que a libido investida nos objetos encontre-se inibida em sua finalidade erótica, mas permita o escoamento de uma energia que, de outro modo, assumiria as feições originais de intensa agressividade, pondo em risco a vinculação social. Há determinados contextos em que tal identificação parece não encontrar vias para se processar, de modo que o escoamento não se opera, restando apenas a agressividade voltada àquele que se apresenta *estranho* ao sujeito. Freud (1930/2006b, 1933/2006d, 1915/2006f) mostra-se pessimista ao afirmar que, a despeito de todos os esforços empregados, a civilização não parece ter tido muito êxito em seu intento, de modo que se empenha em impedir os excessos mais grosseiros da violência brutal, mas escapam à lei as manifestações mais discretas e refinadas da agressividade humana.

São, portanto, prioritariamente, os *estranhos*, aqueles que estão fora do grupo, que possibilitam o escoamento da agressividade que a civilização se esforça em manter contida ou desviada de finalidade nos sujeitos. Nesse sentido, Freud (1930/2006b) identifica que a vantagem, que não pode ser desprezada, como estando na posse de um grupo comparativamente pequeno – a horda do princípio dos tempos –, é a de ter garantido um escoadouro para a agressividade dos seus integrantes, na forma de hostilidade contra todos que lhe sejam estrangeiros. A partir disso, o autor conclui que "é sempre possível unir um considerável número de pessoas no amor, enquanto sobrarem outras pessoas para receberem as manifestações de sua agressividade" (Freud, 1930/2006b, p. 119). Como forma de ancorar a compreensão acerca dessa agressividade que uma comunidade estabelecida direciona ao estrangeiro, e que é a matriz, por vezes, das mais terríveis e cruéis violências, o autor faz menção ao conceito de "narcisismo das pequenas diferenças", que perpassa sua obra e é explicitado nos textos de 1930, 1918 e 1921 (Freud, 1930/2006b, 1918/2006c, 1921/2006e). Refere-se às comunidades e países vizinhos que, a despeito das características comuns que os aproximam, empenham-se em constantes embates sem maior importância. Evidencia-se nesses fenômenos, segundo retoma Freud (1930/2006b), uma satisfação conveniente e inofensiva da tendência à agressão, que presta auxílio à coesão entre os membros da comunidade.

A extensão dessa reflexão poderia levar à conjectura de que, atualmente, na Europa, os refugiados estariam atendendo a essa necessidade de agressão na qualidade de objetos para os quais se voltam todos os tipos de hostilidades e, em consequência, a vinculação daqueles que se consideram semelhantes. Nessa direção, constata-se a existência de práticas políticas europeias que, formalizadas no Acordo de Schengen, de 2 de outubro de 1997, mediante a assinatura de 30 países, promoveram maior coesão interna e, consequentemente, o fortalecimento da fronteira externa (Pussetti, 2017). A partir da constatação do modo como diferentes esferas de poder multiplicam dispositivos de controle de fronteiras, Pussetti (2017) afirma que, seja com a construção de barreiras físicas, seja com entraves burocráticos, a discriminação e a exclusão social voltadas para os "outros" estrangeiros dizem de uma violenta forma que a Fortaleza Europa encontrou para se defender.

Nesse sentido, é também Freud (1918/2006c, p. 208) quem afirma que o humano "está acostumado a projetar seus próprios impulsos internos de hostilidade no mundo exterior, isto é, a atribuí-los a objetos que sente como desagradáveis ou mesmo, meramente, estranhos". A temática do estranho constitui significativo capítulo dos estudos freudianos da subjetividade. Freud (1919/2006a) compreende o estranho como um conteúdo psíquico secretamente familiar que fora submetido ao recalque inconsciente e depois retornado, sendo, portanto, experimentado como estranho tudo o que satisfaça essa condição. Freud (1919/2006a) refere-se ao "hóspede inesperado", cuja chegada pode ocorrer a qualquer momento, isto é, o estranho que irrompe do inconsciente é, no fundo, familiar, mas relegado ao "esquecimento". Tão familiar quanto o estranho são a agressividade e a violência que as comunidades de recepção costumam dirigir aos estrangeiros.

Nessa direção, anos mais tarde, em correspondência trocada com Einstein, em que a questão a ser respondida e que dá nome ao texto era *Por que a guerra?*, Freud (1933/2006d) retoma sua convicção de que o que mantém os vínculos da comunidade são a força coercitiva da violência e os vínculos emocionais, isto é, as identificações estabelecidas entre seus membros, acrescentando que, na ausência de um, é possível que a comunidade se mantenha pelo outro fator. As ideias identificatórias a que se faz apelo só podem, naturalmente, ter importância, de acordo com Freud (1933/2006d, 1921/2006e), se portarem afinidades relevantes entre os membros, cabendo perguntar, todavia, quanta força tais ideias poderiam exercer. O autor mostra-se bastante pessimista acerca da possibilidade de existir alguma ideia que exprima afinidades suficientemente importantes entre os membros de um grupo a ponto de poder exercer autoridade unificadora em relação aos povos.

Tal pessimismo pode ser extensivo aos tempos atuais, quando se percebe a grande distância entre os povos, e que se faz evidenciar pela tragédia vivida pelos refugiados e pelos migrantes. Esses, na qualidade de estranhos, encontram muitas resistências para serem efetivamente acolhidos, uma vez que, além de não compartilharem de traços identitários comuns, sofrem os efeitos oriundos da constituição de laços de coesão sustentados no rechaço e na hostilidade aos diferentes (PRADO, 2018). É por meio da declaração de guerra aos estrangeiros e aos refugiados, sustentada na afirmação xenofóbica da identidade nacional, que, para Birman (2019, p. 95), são relançados "os impasses éticos e políticos do narcisismo das pequenas diferenças em novas coordenadas e latitudes, mas onde o imperativo da morte e do aniquilamento do Outro se impõe igualmente com temor e terror". Nesse sentido, a ONU, por meio de sua unificação e de suas políticas de garantias de direitos humanos, e na tentativa de implementá-las em nível mundial, tem encontrado muitos obstáculos para viabilizar o recebimento de migrantes, sobretudo no que tange à sua acolhida na qualidade de refugiados, com as proteções nisso implicadas.

O risco de (des)subjetivação na violência ao estrangeiro

A situação da diáspora contemporânea é marcada por conflitos culturais e pela violência das mais distintas ordens a que o estrangeiro fica exposto, podendo levar a seu padecimento psíquico. Em vista disso, busca-se, na presente reflexão, contemplar indicadores de afetação do sujeito migrante/refugiado no que diz respeito às necessidades, próprias à autoconservação da vida e àqueles elementos que aludem a demandas de autopreservação do Eu.

No intuito de sustentar teoricamente a distinção entre os conceitos de autoconservação e de autopreservação do Eu, recorre-se aos aportes de Silvia Bleichmar (2005, 2014), importante psicanalista argentina que constituiu consistente corpo conceitual ao se dedicar ao estudo dos processos de constituição psíquica bem como do efeito de vivências traumáticas para o sujeito psíquico. Suas contribuições teóricas e clínicas se deram sobretudo à luz de sua experiência de atendimento a vítimas de grandes catástrofes naturais e sociais. Para a psicanálise, segundo situa Bleichmar (2005), o caráter geral de uma catástrofe define-se, em última instância, pela forma como, atingindo setores importantes de uma população, a incidência traumática do acontecimento impõe riscos e efeitos à subjetividade de quem dela padece. Entretanto, a autora enfatiza a diferença de que o traumatismo se refere ao *efeito singular* da incidência das catástrofes padecidas em comum, que impactam a subjetividade de maneira *particularmente* diferente em cada um daqueles que delas participam. Ao enfatizar essa definição de traumatismo, Bleichmar (2005) dedica-se à compreensão dos modos como o Eu é afetado pela incidência que o ataca desde o real externo. A autora sustenta que o impacto do traumático põe em risco, em maior ou menor medida, dois grandes aspectos da organização psíquica do Eu e de sua função, quais sejam *a autoconservação* e *a autopreservação*. De acordo com Bleichmar:

> *O Eu tem dois elementos que o constituem como grandes linhas tensionantes... a autoconservação e a autopreservação. A autopreservação da imagem e da identidade; a autoconservação da vida biológica. O desejo de viver do ser humano toma a seu cargo a autoconservação, e a identidade toma a seu cargo a autopreservação (Bleichmar, 2014, p. 45, tradução nossa).*

Dessa maneira, a *autoconservação*, de acordo Bleichmar (2005), relaciona-se à forma como o Eu concretamente produz representações de conservação da vida, tendo em conta as necessidades básicas de sobrevivência e os riscos reais a que se vê exposto ante as ameaças advindas do real. A *autopreservação*, por seu turno, responde às configurações nas quais o Eu, ante os efeitos dos excessos advindos do real, encontra-se em risco de desmantelamento no que diz respeito aos enunciados identificatórios que o constituem em sua dimensão subjetiva. Em situações traumáticas, segundo a autora, essas funções podem se dar de forma independente, desarticulada e, até mesmo, mutuamente excludentes. Um exemplo referido por Bleichmar que ilustra o rompimento da aliança entre a autoconservação e a autopreservação se dá na dramaticidade dos modelos dos campos de concentração, onde, "para seguir vivo, um sujeito tinha que deixar de ser quem era, ou, para seguir sendo quem era, tinha que morrer" (Bleichmar, 2014, p. 46, tradução nossa).

Desse modo, a experiência de se deslocar pode ser particularmente traumática uma vez que, mediante os muitos excessos aos quais o sujeito fica exposto, em contextos nos quais precisa priorizar concretamente a conservação da vida, podem ficar em grande risco seus enunciados identificatórios. Registre-se que são esses enunciados que respondem à autopreservação do Eu daquele a quem, afastando-se de sua nação e de suas referências, em situações extremas, podem faltar condições representacionais necessárias, abrindo espaço para a ocorrência do traumatismo. Nessa perspectiva, que toma os riscos ao desmantelamento do Eu como foco de atenção no contexto dos deslocamentos humanos, Indursky e Conte (2015, p. 274), a partir da escuta psicanalítica de exilados, apontam que, ao trauma das violências físicas e morais, soma-se o incontornável traço da condição do exílio, que, "longe de restringir-se a um afastamento geográfico e à impossibilidade de retorno à pátria, refere-se a um processo psíquico específico de desenraizamento da identidade".

Cabe o registro da existência de impasses em torno do conceito de identidade no âmbito psicanalítico. Mesmo reconhecendo que tal conceito não faz parte do corpus da psicanálise, Rosa (1998, p. 121) assinala que seu uso decorre do fato de que, se Freud "pretendia construir uma teoria sobre o homem e sua constituição, teria que conectar os processos individuais ao funcionamento dos grupos e às regulações sociais". Para Bleichmar (2014, p. 364), "identidade não é apenas uma precipitação ontológica de alguém que articula a representação de outro ser humano no momento de concebê-lo, senão de um conjunto de elementos identitários que vão definir formas de organização do sujeito". Destarte, incluir a temática da identidade na problematização psicanalítica acerca dos efeitos psíquicos decorrentes da condição de migrante ou refugiado evidencia o reconhecimento, indissociável da cultura, de diversos abalos à condição de ser.

Nessa direção, releva-se a contribuição de Bleichmar (2005) quando situa que, em tempos de paz, *autopreservação* e *autoconservação* andam juntas, sutil e harmonicamente, de modo que o sujeito pode manter sua identidade ao mesmo tempo que conserva sua vida. A autora identifica, todavia, que é precisamente em momentos de catástrofes históricas e sociais que se evidencia a *diferença* entre esses dois aspectos protetivos do Eu, visto que, nas catástrofes naturais, em última medida, o que se encontra em eminente risco é a autoconservação da vida. Nessa linha, Bleichmar (2005) constata, que essas grandes catástrofes históricas não somente representam riscos à autoconservação, mas, principalmente, podem abalar permanentemente os enunciados identificatórios constitutivos do Eu.

Claro está, portanto, o grande risco à subjetividade de sujeitos que, mediante a urgência de atendimento às necessidades de autoconservação, têm a autopreservação do Eu duramente penalizada, ficando ainda mais expostos aos muitos excessos potencialmente traumáticos. Da autopreservação do Eu, calcada nos referenciais identificatórios que sustentam a existência psíquica, depende a manutenção da capacidade representacional de um sujeito. Nesse sentido, de acordo com Bleichmar (2005), em se tratando do traumático, deve se ter em conta a necessidade da produção de sentido a partir do real que ingressa, que deve ser organizado e simbolizado.

Será por meio de sua capacidade representacional que o sujeito poderá integrar as intensidades pulsionais que ingressam e/ou são despertadas no aparelho, construindo cadeias de representações psíquicas que darão ligação e sentido às experiências vividas, por mais dramáticas que possam ser. Entende-se, portanto, que, à medida que o sujeito encontrar condições para conservar e/ou atualizar seus traços identificatórios, disporá de subsídios e lastros representacionais para fazer frente às muitas intensidades que compõem sua experiência, sobretudo quando se têm em conta os complexos desafios inerentes à experiência de deslocamento humano.

Cabe indagar, assim, em que medida o fato do migrante/refugiado sair de sua cultura de origem, ingressando em outra, diversa em seus paradigmas e tabus, não implica grande acréscimo de dificuldade na simbolização das experiências vividas como próprias, para o que são imprescindíveis as cadeias representacionais calcadas nos marcos identificatórios subjetivos. Quando a isso se acrescenta a experiência de estar em um contexto no qual, como estrangeiro, ou seja, na condição de estranho à cultura de chegada, é tomado como objeto de hostilidades que, no extremo, incrementam-se sob a égide da crueldade, qualquer vulnerabilidade que pudesse vir a ser superada com recursos próprios se amplia e o sujeito pode sucumbir. A maneira como as questões referentes aos migrantes e refugiados têm sido tratadas por muitos países, com políticas nacionalistas e anti-imigratórias, evidencia aquilo sobre o que Bleichmar alerta no sentido de que "as formas de (des)subjetivação atuais são silenciosamente violentas e se expressam fundamentalmente na marginalização e na indiferença" (Bleichmar, 2011, p. 35, tradução nossa).

Na cada vez mais difícil manutenção de sua condição de ser, o estrangeiro fica à mercê de práticas que fomentam a dissociação dos aspectos relativos à *autopreservação* e à *autoconservação*. O que se esconde nessa lógica (des)subjetivante é o "cuidado" parcial na atenção às demandas básicas, velando, assim, os evidentes riscos à autopreservação do Eu decorrente da crescente marginalização e retirada de direitos sociais dos sujeitos migrantes/refugiados.

A psicanálise, como disciplina voltada para o conhecimento do singularmente humano e como prática ética e social, também tem se ocupado de tais questões, priorizando as especificidades subjetivas em contextos de exclusão e violência (Carignato, 2013; Indursky & Conte, 2015; Rosa et al., 2009). Tanto os refugiados como os migrantes passam a ser incluídos nessa condição existencial limite, precarizados ante a crueldade e a indiferença que lhes são cotidianamente dirigidas pela "ordem" social. Nessa direção, e desde os aportes de leitura psicanalítica sobre a complexa trama social da atualidade, Birman (2018) alerta para o perverso movimento empreendido pela ordem social contemporânea que tenta regular, por meio da *psiquiatrização*, o mal-estar experimentado pelas populações marcadas pela precarização.

Nesse sentido, cabe esclarecer, conforme o já preconizado por Freud (1921/2006e, p. 81), que, "desde o começo, a psicologia individual, ... , é, ao mesmo tempo, também psicologia social". Está, portanto, a psicanálise atenta àquilo que é do social e que, simultaneamente, envolve os sujeitos e os convoca como experiência demandante de processamento psíquico. Trata-se, especialmente, de reconhecer o inegável tensionamento entre as demandas de autoconservação e de autopreservação do Eu próprias à experiência do sujeito da diáspora e das quais emanam inegáveis riscos à sua subjetividade. Daí a relevância de destacar como os aspectos sociais, econômicos e políticos podem gerar violentos impactos que acabam por produzir ou incrementar as condições de sofrimento psíquico.

A violência e o rechaço ao outro que chega impedem ou restringem a possibilidade de que o sujeito que se refugia/migra, em sua experiência de se deslocar, encontre novas condições de ser, contando com seus próprios recursos e potencialidades. Alternativamente, recursos psíquicos relativos à autopreservação do Eu poderiam ser potencializados mediante o reconhecimento social das necessidades singulares e da legitimidade do desejo do migrante/refugiado, acolhido como semelhante em seu movimento de construir formas de pertencimento ao laço social.

Considerações Finais

Mediante a intensificação e os constantes conflitos oriundos do fenômeno de deslocamentos humanos, a psicanálise segue sendo incitada a pensar e a cunhar novos conceitos e a propor uma discursividade possível e crítica acerca da realidade social. Como fizera seu fundador, a comunidade psicanalítica segue a sustentar a necessária indagação sobre o modo como o sujeito que se desloca, despojado de seus recursos psíquicos e tendo que se deparar com os imperativos sociais, econômicos e políticos que promovem sua desumanização, obriga a rever, com urgência, os desafios alteritários e éticos do tempo em que vivemos. Nesse sentido, a complexidade dos fatores envolvidos nos deslocamentos humanos contemporâneos convoca, permanentemente, a questionar os tênues e ingênuos limites de discriminação entre "tempos de paz" e "tempos de guerra". É evidente que, na nomeação de tempos ditos de "paz" para alguns, se escondem e se disfarçam a intensa crueldade e violência próprias aos tempos de "guerra" direcionadas, cotidianamente, a outros tantos. A crueldade no campo social aponta para a desconstrução permanente do direito a estruturar projetos que não reduzam o sujeito à existência de um mero corpo biológico.

Os deslocamentos humanos contemplam, portanto, diferentes e complexas problemáticas e evidenciam, por meio da multiplicidade de fatores que os motivam, a necessária transposição do ímpeto de apreendê-los a partir de uma lógica unitária, reducionista e/ou causal. É necessário ter em mente que a reflexão acerca de tais fenômenos exige a consideração de aspectos políticos, sociais, econômicos e culturais que lhes dão base e ocasião, sem prescindir, todavia, da atenção aos aspectos subjetivos que interferem diretamente nas vicissitudes dos sujeitos envolvidos, seja dos que decidem partir, seja daqueles que os recebem em seus destinos. Como registrado por Freud, em idos de 1930 e 1933, mas não por acaso no entreguerras, na ausência de vínculos comunitários, é a violência em sua força coercitiva que impera e encontra no "diferente", por vezes encarnado na figura do estrangeiro, o objeto prioritário de descarga.

Fica denunciado, desse modo, o potencial traumático e (des)-subjetivante existente em práticas silenciosas e dissimuladas, que, por meio da violência dirigida ao estranho/estrangeiro, apartam a condição de migrantes e refugiados terem contempladas harmonicamente as demandas relativas à autopreservação do Eu, enquanto têm atendidas as necessidades próprias à autoconservação da vida.

Referências

Acnur. Alto Comissariado das Nações Unidas para Refugiados (2016, 20 jun.). *Deslocamento forçado atinge recorde global e afeta uma em cada 113 pessoas no mundo*. Recuperado de https://www.acnur.org/portugues/2016/06/20/deslocamento-forcado-atinge-recorde-global-e-afeta-uma-em-cada-113-pessoas-no-mundo/.

Acnur. Alto Comissariado das Nações Unidas para Refugiados (2017). *Relatório de Impacto: Comunicação especial para nossos doadores*. Recuperado de https://www.acnur.org/portugues/wp-content/uploads/2018/07/RelatorioDeImpacto_2017.pdf.

Andrade, G. B. (2011). A guerra civil síria e a condição dos refugiados: um antigo problema, "reinventado" pela crueldade de um conflito marcado pela inação da comunidade internacional. *Revista de Estudos Internacionais, 2*(2), 121-138. Recuperado de http://www.revistadeestudosinternacionais.com/uepb/index.php/rei/article/view/69.

Baeninger, R., & Peres, R. (2017). Migração de crise: a migração haitiana para o Brasil. *Revista Brasileira de Estudos de População, 34*(1), 119-143.

Birman, J. (2016). A leitura freudiana da política. *Psicologia Clínica, 28*(1), 55-68.

Birman, J. (2018). Catástrofe, risco e trauma. In D. M. Coelho, & E. L. Cunha, *Faces contemporâneas da razão* (pp. 111-130). São Paulo: Concern.

Birman, J. (2019). *Genealogia do Narcisismo*. São Paulo: Instituto Langage.

Bleichmar, S. (2005). Conceptualización de catástrofe social. Límites y encrucijadas. In D. Waisbrot et al. (Orgs.). *Clínica psicoanalítica ante las catástrofes sociales:* la experiencia argentina (pp. 35-51). Buenos Aires: Paidós.

Bleichmar, S. (2011). *La construcción del sujeto ético*. Buenos Aires: Paidós.

Bleichmar, S. (2014). *Las teorias sexuales en psichoanalisis: qué permanece de ellas en la práctica actual.* Buenos Aires: Paidós.

BRASIL. Lei 9.974 de 22 de julho de 1997. Define mecanismos para a implementação do Estatuto dos Refugiados de 1951, e determina outras providências. *Diário Oficial da União*, Brasília.

Carignato, T. T. (2013). A construção de clínica psicanalítica para migrantes. *Revista Internacional de Mobilidade Humana, 21*(40), 107-129. doi: http://dx.doi.org/10.1590/S1980-85852013000100007.

Coentro, L. U. (2011). *Políticas públicas e gestão das migrações internacionais no Brasil: Uma reflexão sobre os migrantes qualificados.* [Dissertação de Mestrado]. Fundação Getulio Vargas, São Paulo.

Cogo, D. (2014). Haitianos no Brasil: comunicação e interação em redes migratórias transnacionais. *Chasqui*, (125), 23-32. doi: http://dx.doi.org/10.16921/chasqui.v0i125.39.g800.

Delfim, R. B. (2016, 10 de março). *Lampedusa, a porta da Europa.* Recuperado de https://migramundo.com/lampedusa-a-porta-da-europa/.

Freud, S. (2006a). O estranho (1919). In S. Freud, *Edição standard brasileira das obras psicológicas completas de Sigmund Freud* (Vol. 17). Rio de Janeiro: Imago. (Trabalho original publicado em 1919).

Freud, S. (2006b). O mal-estar na civilização. In S. Freud, *Edição standard brasileira das obras psicológicas completas de Sigmund Freud* (Vol. 21). Rio de Janeiro: Imago. (Trabalho original publicado em 1930).

Freud, S. (2006c). O tabu da virgindade (Contribuições à psicologia do amor III). In S. Freud, *Edição standard brasileira das obras psicológicas completas de Sigmund Freud* (Vol. 11). Rio de Janeiro: Imago. (Trabalho original publicado em 1918).

Freud, S. (2006d). Por que a guerra? In S. Freud, *Edição standard brasileira das obras psicológicas completas de Sigmund Freud*

(Vol. 22). Rio de Janeiro: Imago. (Trabalho original publicado em 1933).

Freud, S. (2006e). Psicologia de grupo e a análise do ego. In S. Freud, *Edição standard brasileira das obras psicológicas completas de Sigmund Freud* (Vol. 18). Rio de Janeiro: Imago. (Trabalho original publicado em 1921).

Freud, S. (2006f). Reflexões para os tempos de guerra e morte. In S. Freud, *Edição standard brasileira das obras psicológicas completas de Sigmund Freud* (Vol. 14). Rio de Janeiro: Imago. (Trabalho original publicado em 1915).

Green, A. (2014). *Por qué las pulsiones de destrucción o de muerte?* Buenos Aires: Amorrortu.

Indursky, A. C., & Conte, B. S. (2015). Trabalho psíquico do exílio: o corpo à prova da transição. *Ágora: Estudos em Teoria Psicanalítica, 18*(2), 273-288. doi: http://dx.doi.org/10.1590/S1516-14982015000200008.

Lacerda, J. M. A. F., Silva, A. A. S., & Nunes, R. V. G. (2015). O caso dos refugiados sírios no Brasil e a política internacional contemporânea. *Revista de Estudos Internacionais, 6*(2), 100-116. Recuperado de http://www.revistadeestudosinternacionais.com/uepb/index.php/rei/article/view/209.

Moraes, I. A., Andrade, C. A. A., & Mattos, B. R. B. (2013). A imigração haitiana para o Brasil: causas e desafios. *Revista Conjuntura Austral, 4*(20), 95-114. Recuperado de http://seer.ufrgs.br/ConjunturaAustral/article/view/35798.

Nunes, J. W., & Oliveira, S. D. (2015). Evidências da construção da figura do imigrante qualificado no Brasil: uma leitura a partir da Lei 6.815/80. In A. M. N. Vasconcelos, & T. Botega (Orgs.), *Política migratória e o paradoxo da globalização* (pp. 33-51). Porto Alegre: EdiPUCRS; Brasília: Csem.

OIM. Organização Internacional para as Migrações. (2009). *Glossário sobre migração*. Genebra: Organização Internacional para as Migrações.

Pussetti, C. (2017). "O silêncio dos inocentes" - Os paradoxos do assistencialismo e os mártires do Mediterrâneo. *Revista Interface, 21*(61), 263-272. doi: https://dx.doi.org/10.1590/1807-57622016.0625.

Rosa, M. et al. (2009). A condição errante do desejo: os imigrantes, migrantes, refugiados e a prática psicanalítica clínico-política. *Revista Latinoamericana de Psicopatologia Fundamental, 12*(3), 497-511. doi: http://dx.doi.org/10.1590/S1415-47142009000300006.

Rosa, M. D. (1998). A psicanálise frente à questão da identidade. *Psicologia e Sociedade* - Abrapso, *10*(1), 120-127.

Rosa, R. M. (2015). As contradições da política migratória brasileira contemporânea: algumas reflexões a respeito das políticas públicas para os migrantes haitianos. In A. M. N. Vasconcelos, & T. Botega (Orgs.), *Política migratória e o paradoxo da globalização* (pp. 53-74). Porto Alegre: EdiPUCRS; Brasília: Csem.

Parte II

Extremo e convocação do corpo

6. Lugar da doença grave no tratamento psicanalítico[1]

François Pommier
Tradução: Pedro Henrique Bernardes Rondon (Abepps).

Eu gostaria de iniciar agradecendo à professora Marta Rezende Cardoso e a todos os membros do Programa de Pós-graduação em Teoria Psicanalítica da Universidade Federal do Rio de Janeiro, e à professora Silvia Abu-Jamra Zornig, do Programa de Pós-graduação em Psicologia Clínica da PUC-Rio – pelo convite para participar deste colóquio sobre a "A dimensão do extremo na vida subjetiva". Fico feliz de reencontrá-los mais uma vez.

Para lhes falar hoje acerca do "Lugar da doença grave no tratamento psicanalítico", vou retomar diversos elementos de uma série de seminários que dirigi na *Société de Psychanalyse Freudienne* com Hélène Oppenheim (Oppenheim-Gluckman, 2020), que, como eu, é membro associado dessa Sociedade, psiquiatra, psicanalista, especializada no trabalho com pacientes com lesões cerebrais em reanimação neurocirúrgica, em torno de diferentes questões.

---

1 Conferência ministrada (por via remota) no Colóquio Internacional "A dimensão do extremo na vida subjetiva"– promovido pelo Programa de Pós-graduação em Teoria Psicanalítica da UFRJ e pelo Programa de Pós-graduação em Psicologia Clínica da PUC-Rio em 3 de dezembro de 2021.

Como é que o psicanalista pode apreender o somático que nos constitui e que se destaca do biológico? Como é que o biológico toma lugar na construção de nossas experiências psíquicas? Como é que trabalhamos nos tratamentos quando esse somático, por causa de uma doença grave, corre o risco de passar ao primeiro plano?

Essas questões não são simples e constituem objeto de debate desde as origens da psicanálise.

Em 2015, por ocasião da publicação da correspondência entre Freud e Rank, Hélène Oppenheim levantou a hipótese de que, no debate entre Freud e Rank acerca do trauma do nascimento, as questões apresentadas giravam, entre outros, em torno dos efeitos psíquicos de fenômenos puramente corporais (vou retomar aqui os elementos da comunicação de H. Oppenheim).

A questão apresentada então era a seguinte: Como é que o somático que nos constitui toma lugar na construção de nossas experiências psíquicas, e isso desde a origem de cada humano? Rank, com o *Trauma do nascimento*, se situava sem dúvida no prolongamento de Freud (1895/1973) do *Projeto*, que fala de uma experiência originária de impotência e de desamparo do lactente, de uma experiência de "incapacidade", ligada à sua imaturidade fisiológica. E apreendemos um pouco mais agora com os trabalhos de diversos psicanalistas, dentre os quais Winnicott, o quanto essa experiência originária, ligada a um fenômeno biológico, tem importante impacto na constituição do psiquismo humano. Em *Trauma do nascimento* Rank tem também a intuição – mesmo que suas teorizações sejam muito discutíveis – de que as repercussões psíquicas dessa situação originária muito particular do humano, ligada a sua constituição biológica, podem tomar um lugar muito importante no tratamento psicanalítico, o que ulteriormente virá a ser confirmado de outra maneira por outros psicanalistas, Laplanche entre eles.

Entretanto, se nós voltamos para o diálogo entre Freud e Rank em torno do trauma do nascimento, nos damos conta de que os termos desse diálogo propõem questões ainda atuais para os psicanalistas e estão ainda em discussão. Uma delas é a seguinte: Se à psicanálise concerne o corpo humanizado, o corpo erótico, em que poderá estar interessada pela soma, que escapa ao sentido? Onde estão, como Freud se interroga em *Inibição, Sintoma e Angústia* (1926/2002) "as fronteiras que separam a biologia e a psicologia"? Dito de outro modo, o que tem finalmente a psicanálise a dizer sobre o biológico, sobre os mecanismos celulares e fisiológicos? Se à psicanálise concerne o corpo humanizado, o corpo erótico, ela não pode nada dizer sobre o biológico que concerne aos médicos e aos cientistas. Como lidar, então, com esse biológico quando seus efeitos sobre o psíquico emergem nas sessões em razão de uma doença somática do paciente? A pergunta fica, então, colocada: como se situar também em relação aos progressos científicos acerca do cérebro, aos mecanismos das doenças que colocam em questão a ideia que ainda percorre numerosas teorias psicanalíticas, quanto à psicogênese muito extensiva e sem dúvida sistemática demais de múltiplas doenças. Será que "a confrontação entre organogênese ou psicogênese – que foi um elemento muito importante na constituição da psicanálise e em sua ruptura com o olhar médico acerca do modelo da histeria – hoje se coloca... em outros termos"? É mantendo-se no terreno da causalidade psíquica inconsciente – aquilo que do inconsciente sempre se manifesta como o que vacila – que Helène Oppenheim (2016) destacava, sem procurar se orientar para o lado da causalidade científica, que a psicanálise vai poder afirmar sua especificidade no campo dos saberes. Nossa prática de psicanalista com pacientes que apresentam graves doenças somáticas nos conduz dessa maneira a descartar toda a pesquisa etiológica e a nos situarmos essencialmente no espaço de uma relação transferencial, no campo da "causalidade psíquica inconsciente".

Trata-se, portanto, de compreender, dentro do espaço de uma relação transferencial, a experiência psíquica atravessada por um paciente com uma doença somática, os efeitos sobre o psiquismo, consciente e inconsciente, daquilo que o paciente vive por causa da soma que está desordenado. Ao mesmo tempo, certamente é importante que o "acontecimento psíquico" associado ao fato de ter uma doença somática encontre seu "lugar justo" na vida fantasmática do sujeito e de seu meio, em sua história familiar consciente e inconsciente, e tente sair do fechamento psíquico que os efeitos de uma doença somática podem engendrar. Isso significa estar atento à vivência da doença somática por parte do paciente, às questões e vivências específicas que essa doença somática engendra e aos conflitos psíquicos que volta a mobilizar. Mas também estar atento às questões conscientes e inconscientes e aos conflitos psíquicos que não têm ligação direta aparente com o fato de ter uma doença somática, que podem parecer muito distantes do que está em jogo nessa experiência e que podem emergir num detalhe numa sessão.

O encontro com cada paciente é uma construção permanente, sempre pronta a recomeçar. É especialmente difícil quando a presença da doença somática, às vezes de uma situação de deficiência física, às vezes da possibilidade de morte, com toda a violência que isso induz, infiltra a transferência e a contratransferência e se coloca no trabalho clínico com uma intensidade especial a questão do semelhante e do estrangeiro em si para o psicanalista assim como para o paciente, sua representação da vida e da morte. De fato, o estrangeiro com o qual vivemos do nascimento até a morte é inicialmente a presença em nós de nossa realidade biológica, massa de matéria, massa de células das quais saímos e das quais somos sempre dependentes. Ao mesmo tempo, essa massa de matéria biológica não é para nós apenas radicalmente estrangeira. É também o primeiro estado do corpo a partir do qual um sujeito vai se diferenciar e se constituir, portanto, o mais íntimo de nós mesmos. Igualmente, a presença da morte em nós, impensável, ligada à nossa realidade biológica é a outra vertente daquilo que é, ao mesmo tempo, radicalmente estrangeiro e íntimo em nós. Nosso sentimento de identidade e de existência se constitui, conforme foi destacado por H. Oppenheim (2016), pelo fato de assumir esse duplo estado de nosso corpo: massa biológica em seus dois aspectos (nossa origem e nosso fim) e corpo humanizado e erotizado. Na vida cotidiana, à medida que nosso corpo funciona sem grande problema, coabitamos com esse biológico que nos constitui. Entretanto, quando a doença sobrevém, nós nos sentimos em perigo pelo despertar de nosso corpo biológico, que até então funcionava em silêncio. A experiência da doença pode, assim, invadir todas as preocupações do psicanalista e do paciente, tomados um e outro pela violência e pelo irrepresentável que surge ante o biológico que se desajusta.

A tentação é grande então, tanto do lado do paciente quanto do lado do analista, no sentido de humanizar e reduzir o sem sentido do desajuste do corpo biológico elaborando diversas teorias psicossomáticas. Se é importante que o analista possa escutar as teorias psicossomáticas do paciente como tentativas de sair do sem sentido e do fechamento na doença, é importante, segundo H. Oppenheim (2016), que estas fiquem do lado das "razões", como Wittgenstein define, e não das causas e de uma psicogênese que, com frequência, é ilusória e corre o risco de ser aprisionante e culpabilizante para o paciente. Em tais situações, (convém, portanto), tão frequentemente quanto seja necessário, inclusive no decurso de uma mesma sessão, escutar a experiência que o paciente procura transmitir acerca de sua doença e de seu corpo que "se vai". E, ademais, também é conveniente, "às vezes por meio de pormenores, quando a sessão é invadida pela doença, escutar todos os outros elementos que o paciente procura transmitir, que estão ligados a seus conflitos psíquicos, ao sentimento de sua identidade, a suas experiências de vida e a sua história familiar, e às interações entre estas e a experiência da doença" (Oppenheim, 2016).

Da mesma maneira que Hélène teve sua proposta impulsionada pelo debate entre Freud e Rank acerca do "trauma do nascimento", quanto a mim, foi na continuidade de uma jornada da *Société de Psychanalyse Freudienne* dedicada ao trabalho de Michel de M'Uzan que vim a refletir sobre essas questões acerca do lugar do biológico e do lugar da dimensão das questões médicas no tratamento psicanalítico.

A questão é saber qual seria a qualidade particular dessa atenção que devemos dedicar – e como fazer para que a experiência da doença não invada as preocupações do analista e do paciente, e ao mesmo tempo mantenha seu valor de experiência, isto é, sem que essa experiência seja denegada e sem que, ao contrário, fique carregada de sentido? Quanto a isso, a noção de inquietante estranheza me parece interessante – desenvolvida por Freud, como sabemos, acerca do retorno do recalcado e da angústia de castração, e retomada mais tarde por M. de M'Uzan (2015, p. 150), que, retendo especialmente o termo "estranho", faz disso "a base de uma relação na qual se opõem o inquietante e o fascinante".

A mim parece interessante também, dentro do mesmo registro, a noção de "inquietude permanente" evocada por de M'Uzan (2015, p. 151) para alcançar "esse ponto onde deve aparecer o caráter incerto e aleatório do ser", ainda que possamos discutir a noção de inquietude, que não é nem a curiosidade nem a descoberta, ainda que possa contê-las, nem a desconfiança, mesmo que possa ter essa atmosfera.

Sabemos que a fronteira entre o inerte e o vivo é instável e incerta; de modo que, ante o surgimento ou o desenvolvimento de um distúrbio somático no qual o "vital-identitário", isto é, quando está envolvido o programa de vida com a morte no horizonte, mais do que nunca nossas certezas vacilam e a qualidade da nossa atenção, talvez mesmo aquém da atenção, nossa capacidade de perceber fica fortemente mobilizada. Para M'Uzan (2015, p. 162), o recurso ao "perceptivo" faz parte daquilo que deve "poder ajudar o paciente a 'elevar-se' da ordem que margeia o único programa de vida à ordem do pulsional, objetal e narcísico".

Minha reflexão acerca do lugar do biológico no tratamento psicanalítico logo me levou para a incerteza – ou melhor, para o princípio da incerteza – da atenção e da percepção. A favor das situações clínicas nas quais pensei, pareceu-me que o surgimento do biológico e do somático no tratamento psicanalítico apelava, ao terapeuta que sou, a um estilo de abordagem mais arcaico da ordem da difração. Como se eu tivesse sido conduzido a uma espécie de dupla clivagem: entre psíquico e somático, por um lado, e ao próprio interior daquilo que se apresenta como somático – a clivar ainda entre o somático próprio à interpretação e aquele que absolutamente não diria respeito à psicopatologia (penso aqui, no modelo dos dois tipos de inconsciente, se ouso dizer, do qual C. Dejours (2001) fala: o inconsciente que dá lugar a um pensamento e o inconsciente dito "amencial" – sem pensamento). Porque, evidentemente, quando partimos do princípio segundo o qual a psicanálise não poderia dizer nada do biológico, dos mecanismos celulares e do biológico, a questão que se coloca é justamente saber o que ela poderia ter a dizer disso ou em torno disso – assim como não podemos dizer nada da morte, mas somente podemos falar em torno da morte. Quando falo dessa dupla clivagem que tenho a impressão de que está em ação ante o problema da doença somática grave, parece-me, portanto, que considero uma parte do distúrbio somático que se apresenta como um objeto morto, um objeto inerte, fora de qualquer pensamento, e um outro aspecto apesar de tudo suscetível de ser analisado, portanto ligado de certo modo ao eixo libidinal, narcísico e objetal que M'Uzan evocava.

E parece-me ao mesmo tempo que para deixar o espaço possível para a análise potencial de uma parte somática, paradoxalmente é preciso renunciar a isso.

Eu gostaria de ilustrar a questão com dois casos clínicos. O primeiro caso, vou extrair de meu livro sobre *O extremo em psicanálise* (Pommier, 2008, pp. 150-152), o caso de Grégoire, que de saída fazia uma ligação entre as procrastinações de sua vida sentimental e o aparecimento antigo de distúrbios somáticos graves – no caso, um câncer de bexiga operado com sucesso, se ouso dizer, mas que, mesmo assim, não fez desaparecer o temor de uma recidiva ou a ocorrência de um problema do mesmo tipo.

O segundo é o caso de um homem com aids (em tratamento): na impossibilidade de construir uma relação afetiva regular e estável e que, no decurso do trabalho de psicoterapia analítica que iniciou comigo, contraiu uma segunda doença viral cujo prognóstico compromete, como se diz, e se sobrepõe à primeira. Nessas duas situações vêm se articular diferentemente o registro narcísico, libidinal e objetal e o registro identitário.

Grégoire é um homem de 35 anos que atendo em razão de manifestações depressivas que se seguiram a uma intervenção por um câncer da bexiga, mas que meu paciente logo associa à separação iminente do casal que há quatro anos ele forma com seu companheiro. Grégoire já estava em psicoterapia havia dois anos quando seu câncer se manifestou. Ele acusava seu psicoterapeuta de não o ter ajudado suficientemente nessa circunstância difícil. Abandonou a terapia. Quando atendi Grégoire, ele buscava um novo trabalho psicológico sobre si mesmo, em especial por temor de momentos ainda mais difíceis que estavam por vir. Períodos psicologicamente pesados que nesses últimos tempos ele, entretanto, tentou relativizar ocupando seus dias de forma muito carregada, o que lhe evitava pensar demais. Quero dizer que ele não se deixa enganar por seu estado psíquico e pelos mecanismos que emprega para lutar contra a depressão, mas esta é apresentada por Grégoire como fenômeno inteiramente desconectado da doença grave que sofreu recentemente e pela qual foi tratado. É como se o câncer em questão, tendo, entretanto, deixado algumas sequelas, passasse, de fato, para o segundo plano.

E temos aqui um primeiro ponto a destacar, que é o fato de ele evocar a doença grave, porém instantaneamente fazer de tudo para eu a esquecer. Essa aparente banalização do distúrbio, que tenho frequentemente encontrado em outros pacientes que apresentam uma doença grave, é interessante. Isso justamente faz com que eu não a esqueça. O que quero dizer é que, de saída, o problema somático é abordado com certo pudor. No caso em questão, a localização da doença tem conotação particular, mas já encontrei isso em outros pacientes que tinham apresentado um câncer numa região menos marcada de significação – na língua, por exemplo – com uma atitude do mesmo tipo.

O que me choca em Grégoire é, primeiro, o controle emocional que demonstra a todo momento, em contraposição ao prazer que mostra manifestamente quando aquilo que digo o abala. Minhas intervenções parecem sempre tirá-lo – mesmo que apenas por um instante – de sua morosidade natural escondida por trás de seu eterno sorriso. Também me choca a maneira como ele parece capaz de se deixar atordoar, talvez mesmo se deixar ser tratado sadicamente, seja em sua atividade profissional ou no plano afetivo. Não vou me deter neste ponto.

Eu me aproveito do fato de que é em torno de uma problemática que tem a ver com proximidade, com o temor do abandono, com a solidão, em busca de um lugar onde se abrigar que seu discurso se organiza, para privilegiar essa dimensão no meu espírito e situar no primeiro plano da cena o espírito de corpo, remetendo a parte somática a seu lugar, nos bastidores, à própria ordem vital-identitária, considerando que a relação entre a vida e a morte pode se manifestar em outro registro. Aparece dessa maneira em seu relato a irmã mais velha da família, morta de uma doença grave no início da infância e que Grégoire, portanto, não chegou a conhecer, mas da qual ele sabe especialmente que é por sua "voz", ecoando a voz de seus pais, que foram anunciados na sequência, a cada participação de nascimento, o nascimento de seus dois irmãos e depois o seu próprio. Grégoire se lembra em seguida até que ponto ele tinha sem dúvida sido obrigado a identificar-se com aquela irmã até a idade de 10 anos, por meio de fantasias femininas e da brincadeira de bonecas, como ele gostava de se mostrar assim diante de sua mãe. E depois, em contraponto ao medo do abandono e da solidão, constato até que ponto Grégoire representa *a criança espancada*, aquela que sem dúvida deveria fazer todo o possível para tirar sua mãe de uma depressão grave cujo enquistamento posso entrever por trás de tudo o que ele diz sobre ela.

Sem entrar nos pormenores da situação desse homem que, desde a primeira sessão, começa a espiar com atenção os meus mínimos movimentos, constantemente em busca de um sinal de apoio, de uma observação que o distraia, que o afaste da infelicidade – um homem que se comporta como se estivesse desde sempre dentro de uma espécie de luto incomensurável –, posso dizer que a combinação exercida entre a irmã falecida na infância, os comportamentos compulsivos de todos os tipos – períodos de anorexia, de bulimia, de drogadicção e de flutuação sexual – e o papel de consolador ao qual meu paciente parece ter-se identificado desde sua infância inicial, constituem outros tantos elementos capazes de me interessar e até de me comover, isto é, de favorecer o trabalho de interpretação. Mas é no encontro por meio da "voz" perdida que ressurgiu nas participações de nascimento dos três irmãos, e na confissão que Grégoire me faz da importância que "ser sustentado" tem para ele, que escolho finalmente (senão de, de qualquer modo, interpretar) evoluir em torno da nudez, em torno desse primeiro corpo, em torno do fato de falar ou de calar sobre esse primeiro nascimento.

Evito intervir diretamente e prefiro me deslocar e ficar apenas na intenção de interpretar, Grégoire encontrando-se exatamente à espreita do primeiro sentido vindo a propósito de seu câncer que ele mesmo considera como podendo ser a grande consequência de tudo o que até aqui ele infligiu a seu corpo. Vemos por meio desse primeiro caso clínico como Grégoire se encontra dentro de uma problemática que poderíamos qualificar em *a posteriori* – um encontro traumático revela ao sujeito o lugar impossível que ele ocupava anteriormente, em detrimento de si, para preencher a falta no outro –, se remete a mim, reagindo ao mínimo movimento que eu faça. Vemos também como, no que se refere a mim, sou levado a acompanhar o movimento que Grégoire faz – aquilo que ele faz aparecer a partir dele – deixando nos bastidores aquilo que provém do registro identitário para levar em conta no primeiro plano aquilo que provém do registro psicossexual.

Penso agora em segundo lugar nesse homem doente de aids, que vou chamar de Antoine, que me procurou logo após uma singular ruptura sentimental com um homem que tinha se tornado seu companheiro regular numa relação puramente platônica após uma única relação sexual durante a qual ele tinha estado sob o efeito de psicotrópicos. A principal dificuldade em que Antoine diz se encontrar é o fato de que nunca chega a ter uma relação ao mesmo tempo sexual e sentimental mantida com um homem, porque o exercício de sua sexualidade hoje se faz essencialmente sob o efeito de produtos químicos, há uns quinze anos. A relação que acaba de interromper – mas que chegou a manter durante alguns meses – foi, portanto, puramente platônica, como eu tinha dito, e eis que seu parceiro enfim encontrou outro companheiro e a situação ficou dramática para Antoine. Sentimento de solidão, de abandono, prantos. Diversas questões se apresentam então. Algumas relativas ao exercício de sua sexualidade, outras em relação ao consumo de produtos químicos, mas também, mais em profundidade, outras que têm a ver com determinada forma de inibição em contraponto à desinibição que ele pode demonstrar no que concerne ao uso de produtos.

No plano biográfico, observa-se que esse homem é o caçula de uma família numerosa; passou parte de sua infância interno antes de entrar numa comunidade religiosa. Seus pais, ambos muito religiosos – o pai é descrito como frio, fechado em si mesmo; a mãe empertigada no tédio. Quando anunciou à sua mãe – que descreve como uma santa mulher – que seus desejos se voltavam essencialmente para o lado dos homens, ela entrou numa profunda tristeza e o tema de sua preferência sexual nunca mais voltou a ser abordado. Aliás, na família nada é evocado a propósito da vida sentimental e sexual dos filhos. Antoine é o único que se afastou um pouco geograficamente da família nuclear. Todos os outros vivem na proximidade da mãe.

Observo o caráter suave, calmo e extremamente reservado de Antoine. A presença manifesta do corpo erotizado – eu deveria dizer sexualizado – em seu discurso contrasta com sua aparência, que não é especialmente sedutora. A representação da imagem que ele tem de si mesmo aparece na quinta sessão. Sem negação, ele reconhece então sua adolescência marcada por misticismo, o fato de que ainda não se reconhece como um homem adulto, a imagem de casal que ele pode perfeitamente imaginar para outrem, mas que tem muita dificuldade de conceber para si mesmo, em razão, ao menos, de sua dificuldade de assumir socialmente sua homossexualidade. O pensamento parece desconectado do corpo.

No terceiro mês dos nossos encontros aparece no universo de Antoine um novo amante, com o qual parece possível ao mesmo tempo a continuidade de uma relação e, contra todas as expectativas, relações sexuais que podem se realizar sem a ingestão de drogas. A história, entretanto, permanece complexa, uma vez que o novo amante não parece insensível ao caráter dissoluto da vida que Antoine leva há alguns anos, mas ele, não obstante, não aceita todas as escapadas de seu novo namorado. Antoine se interroga acerca da construção dessa intimidade nova que adquire um caráter insólito à vista daquilo que ele viveu até agora. É nesse período que ele avança mais na descrição de suas práticas sexuais. A esse propósito coloca-se muito em questão seu temor de se ver levado a atuar suas mais loucas fantasias. A questão do medo aparece estreitamente associada àquela relativa ao desejo.

Aparece de maneira cada vez mais explícita a ideia segundo a qual Antoine quereria deixar o mundo das relações sexuais anônimas múltiplas para privilegiar a relação que está em vias de pôr em prática com seu novo companheiro de jornada. É então que aparece a questão da mentira, à medida que ele procura se distanciar da sensorialidade, mas sem conseguir ainda totalmente, mesmo que uma sexualidade sem drogas tenha se tornado possível.

Repentinamente, alguns meses após o início de sua análise, ele fica sabendo a partir de exames médicos a que se submete regularmente, que, como já tinha lhe acontecido alguns anos antes, contraiu, em consequência de suas práticas sexuais sem proteção, uma nova doença viral, dessa vez a hepatite C. É na sobrevinda dessa nova contaminação que eu gostaria de insistir, e também sobre o lugar desse fenômeno biológico no tratamento psicanalítico, que vai ter consequências imediatas na vida de Antoine, porquanto a partir desse momento ele se torna totalmente abstinente sexualmente. É para ele a ocasião de falar mais ainda acerca de sua relação com a sexualidade, em particular do importante desajuste entre relação sexual e relação de ternura. É também a ocasião de evocar a doença e a contaminação. Minha atenção então se duplica, orientada em direção de sua organização libidinal, por um lado, e, por outro, àquilo que se organiza e se desorganiza no interior de seu corpo. É surpreendente constatar que ele fala de maneira muito diferente do vírus HIV e do vírus da hepatite C (VHC). É como se o HIV estivesse dormente, talvez mesmo adormecido para sempre, ao passo que ele percebe o VHC como se não parasse de se multiplicar no interior dele, o que, de um ponto de vista pragmático, corresponde a determinada realidade médica, uma vez que nenhum tratamento lhe foi prescrito ainda. A multiplicação viral agora invade seu espaço de pensamento. Sua postura se congela, refletindo a posição de abstinência sexual que decide adotar. Antoine se petrifica de modo que já não se trata, em seu discurso, de sentimento de abandono e de solidão. É como se o abandono estivesse figurado – não mais representado, mas figurado. Antoine já era portador do vírus HIV, mas este já estava bem integrado em seu espaço psíquico. A contaminação pelo HIV já não era uma surpresa; isso era esperado, considerando a vida que ele levava. Mas eis que o VHC causa um trauma e vem bruscamente colocar o problema do biológico entre mim e Antoine. Em associação a isso, penso na problemática do trauma "*avant coup*" (o oposto de *après coup* ou *a posteriori*; é o primeiro golpe, justamente) que S. Le Poulichet (1994) evocava por meio da figura do júbilo e do instante suspenso, quando o Eu encontra o espelho que o desagrega em vez de fazê-lo refletir.

O processo que vai permitir o desencadeamento da subjetividade, autorizando Antoine a se ver como estrangeiro a si mesmo, se organiza aqui de outra maneira, diferente daquela que descrevi anteriormente ao falar de Grégoire. Com Antoine eu devo, de certa maneira, trazer minhas investigações aquém disso que ele mostra – precisamente nos bastidores –, minha principal função é fazer de modo que Antoine consiga integrar o VHC em seu espaço psíquico, como ele tinha sido capaz de fazer com o HIV. É então, trabalhando no primeiro plano sobre a dimensão identitária, no, caso a maneira como Antoine conseguira esculpir sua própria imagem contra o outro, como se tivesse o sentimento de estar em vias de perseguir um empreendimento proibido – ele aborda em especial questões relativas à beleza e à feiura, à aparência e diferentes expressões emocionais –, que se tiram do obscurecimento os elementos do registro narcísico entre representação de si mesmo e representação do outro numa dimensão não mais identitária; dessa vez mais essencialmente psicossexual.

Referências

Dejours, C. (2001) *Le corps d'abord*. Paris: Payot.

Le Poulichet, S. (1994). *L'œuvre du temps en psychanalyse* (pp. 135-140). Paris: Payot & Rivages.

M'Uzan, M. de. (2015). *L'inquiétude permanente*. Paris: Gallimard.

Oppenheim, H. (2016). *Biologique, maladie somatique et pratique de la cure*. Conferência dentro de uma jornada da SPF sobre "Lugar da doença somática no tratamento psicanalítico".

Oppenheim-Gluckman, H. (2020). *Le psychanalyste, le médical, la maladie*. Paris: Campagne Première.

Pommier, F. (2008). *L'extrême en psychanalyse*. Paris: Campagne Première.

7. Maternidade: da crise traumática à dimensão do extremo

Diana Borschiver Adesse
Marta Rezende Cardoso

A maternidade traz consigo uma série de abalos e rupturas no psiquismo da mãe, que deles procurará dar conta, apoiando-se em seus mecanismos psíquicos mais ou menos elaborados. As ressonâncias psíquicas das transformações corporais da gravidez e da experiência da maternidade têm caráter traumático, no sentido de um traumático constitutivo no psiquismo da mulher. Supõe Green (2008) a ideia de "loucura materna ordinária", a experiência da maternidade estando no limite entre o normal e o patológico. Seria necessária certa dose de loucura ordinária para uma relação mãe-bebê inicial saudável.

Ao trazer a problemática dos limites, Green traz também a categoria do que ele denomina de loucura, buscando distinguir essa categoria da psicose, a primeira estando referida a um campo ampliado, próxima do que se poderia chamar de "psicopatologia da vida cotidiana". A loucura, conforme trazida pelo autor, abre todo um campo para pensarmos naquilo que é normalmente anormal, ou seja, para todas as situações necessariamente desorganizadoras perante as quais o sujeito irá transitoriamente "enlouquecer". A respeito dessa temática, ele chama a atenção para a relação da loucura com a experiência da maternidade, propondo investigar a tese da loucura materna como um estado normal presente nas mulheres durante o período da gravidez e do início da maternidade. Green denomina loucura materna ordinária (*folie maternelle ordinaire*)[1] o estado quase alucinatório de sensibilidade intensa da mãe, que provoca na mulher uma "remodelação completa de suas vivências, de sua relação com o mundo, da organização de suas percepções, recentradas por inteiro no filho" (Green, 2008, p. 257, tradução nossa).

O estado de loucura materna ordinária implica uma perturbação regressiva e dissociativa na dinâmica psíquica da mulher – no advento de sua condição de mãe. É somente graças a esse rebaixamento das defesas psíquicas que se torna possível uma efetiva abertura ao referido estado de loucura materna ordinária. Com a chegada do bebê, a mulher tem suas bases narcísicas abaladas naquilo que estas têm de mais próximo ao real do corpo. No que concerne às fronteiras entre o eu e o corpo, a verdadeira loucura da maternidade está ligada ao fato de o corpo se tornar receptáculo para outro corpo que dentro dele vem a se desenvolver: um corpo estranho, mas que faz parte de si. Na experiência da gravidez, nesse tempo extraordinariamente curto de nove meses, a mulher vê seu corpo se transformar de maneira radical e novamente se transformar após o parto. A mulher se encontra diante de um estado de radical dependência desse pequeno ser que nasce – em um sentido mais amplo – necessariamente prematuro, exigindo dela cuidados para sua sobrevivência.

---

1 Tradução literal da expressão, pouco usual em português, mas que permite exato contraponto com "loucura materna extraordinária", relevante na argumentação. [N. T.].

Se a noção de "preocupação materna primária" (Winnicott, 1956/2000) aponta para a suposição de profunda identificação da mãe com seu bebê para dar conta das necessidades dele, a noção de loucura materna ordinária remete à ideia de profunda identificação da mãe com o bebê que ela mesma foi. A experiência da maternidade restitui, assim, ou faz reviver, todas as feridas narcísicas antigas da mãe, seus traumatismos, seus lutos e tudo aquilo que recebeu como herança geracional.

Vale sublinhar, a partir das formulações de J. Laplanche (1987), como a dimensão dos cuidados maternos implica a transmissão de conteúdos enigmáticos para a própria mãe, marcados por seu caráter inconsciente. Nesse movimento, ressaltamos a relevância da questão da passividade pulsional: passividade do bebê ante os conteúdos enigmáticos transmitidos pela mãe e, sobretudo, passividade da mãe em relação ao seu próprio sexual enigmático, cuja transmissão se revela imperativa. Quanto a essa dimensão de transmissão, a mulher se vê agora no papel de sedutora, daquela que é transmissora das mensagens enigmáticas. Ela deverá preservar sua constituição narcísica diante daquilo que foi herdado e que será passado à geração seguinte.

Em determinados casos, essa transmissão ultrapassa certo limiar, situação relativa ao universo intrapsíquico da mãe, o que nos interroga sobre a questão do trauma, como excesso irrepresentável, aspecto que nos leva a explorar a noção do *extremo* da maternidade. Nesses casos, a loucura materna ordinária torna-se "extraordinária". Devido ao seu caráter inescapavelmente traumático, a maternidade pode trazer à tona angústias de abandono e de intrusão que ameaçam a integridade do ego materno. Como iremos explorar, no campo da loucura materna extraordinária essas angústias são vividas de forma radical, configurando uma verdadeira psicopatologia fronteiriça.

Loucura materna "extraordinária": uma situação fronteiriça

A vivência necessariamente traumática de uma loucura materna ordinária pode desencadear um estado de angústia extrema na mãe, configurando um quadro psicopatológico que pode ser considerado estado-limite. Indica Turcotte (2004) que, como nos estados fronteiriços, a maternidade estaria marcada pela dupla angústia radical de intrusão e de separação. Para algumas mulheres, o estado de regressão narcísica que acompanha a gravidez é vivido como uma experiência de completude que mascara, ao mesmo tempo, uma angústia de abandono e um terror de perder os limites egoicos pela radical abertura ao outro. Com o nascimento do bebê e o inerente processo de separação que o acompanha, essas mães parecem reviver com toda a força essa dupla angústia, marcada pela ameaça à integração narcísica, à perda de fronteiras e ao sentimento de continuidade de si.

Quando observamos na mãe a presença de respostas tipicamente limites, há, por um lado, angústia extrema de abandono, diante da qual ela não suporta se separar e rejeita qualquer movimento de individuação e afastamento do bebê. A ambivalência do processo de separação se revela aqui intolerável, encontrando grande gratificação narcísica em uma relação de dependência absoluta com o bebê. Nesse caso, a mãe pode superproteger possessivamente seu filho diante da angústia de perdê-lo. Perder e separar-se desse objeto que ela recentemente "ganhou" é como perder parte de si. Por outro lado, as tentativas de querer se afastar do bebê podem ser sentidas como traição e frustração às expectativas maternas de que o bebê pudesse repará-la narcisicamente. A mãe pode então rejeitá-lo agressivamente, impedindo esse vínculo, com medo de o bebê a invadir. Nesse caso, rejeitá-lo radicalmente é, muitas vezes, a única possibilidade de manter sua integridade narcísica.

A relação mãe-bebê nesses casos se ancora em um espelho, no qual a cena interna da mãe nele é refletida – e vice-versa – em um movimento de representações radicalmente opostas: "todo bom" quando se aproximam e "todo mau" quando se afastam. Não há gradação, somente dois extremos que se alternam em curto-circuito. Esse tipo de resposta-limite é marcado, portanto, por uma volatilidade, por uma clivagem radical na qual a mãe, em curto espaço de tempo, pode perceber seu bebê como um "anjo" que ela deve superproteger e de que não deve se descolar, e logo em seguida como um "demônio" que deve ser combatido e afastado a todo custo.

A revivência de tais angústias paradoxais na maternidade pode provocar diferentes respostas relacionadas à possibilidade de integração do psiquismo materno, das mais elaboradas às mais precárias; uma resposta que aparece com grande prevalência na clínica da maternidade é o que se denomina *baby blues*. Trata-se de uma resposta-limite diante dessas angústias paradoxais que é, no entanto, temporária e estaria em um campo fronteiriço entre o normal e o patológico, servindo como recurso para lidar com a loucura normal da maternidade.

Não há consenso a respeito da definição da noção de *baby blues* (Folino, 2014), mas a maior parte dos estudos aponta para o seu entendimento como uma síndrome aguda, transitória, breve e comum, que chega a atingir até 85% das mulheres no pós-parto. Sua frequência tão alta, relatada na clínica e na observação de mulheres no puerpério, aponta justamente o impacto da vivência dessa loucura materna ordinária que, em grande parte das mulheres, terá como resposta certo tempo de tristeza profunda, que se dissolve dentro de algumas semanas.

O termo *blues* faz alusão, segundo Bydlowski (2007), às melodias nostálgicas cantadas pelos escravos da Louisiana em lembrança da mãe África perdida. Caracteriza-se por um estado de reação depressiva branda, envolvendo fadiga, desânimo, dificuldade de pensar claramente e crises de choro sem motivo aparente, mas que se dissipa, na maioria dos casos, espontaneamente alguns dias depois do parto. Para a maioria dos autores voltados para essa questão, o *baby blues* não constitui uma depressão clínica, mas muito mais um conjunto de sintomas em torno de um humor depressivo, acompanhado de sentimento de fadiga e abatimento. De acordo com Guyomard (2006), o *baby blues* é o tempo equivalente àquele de um luto psíquico: luto de tudo aquilo que é preciso abandonar para que haja o encontro de uma mãe com seu filho. Essa situação pode provocar um sentimento de "inquietante estranheza", colocando a mulher diante da (re)vivência do desamparo e da incapacidade de se ocupar do seu bebê.

Paradoxalmente o *baby blues* é um fora-do-tempo, um tempo em suspenso, tempo de solidão radical, muitas vezes necessário para que a mãe possa elaborar o impacto psíquico provocado pela maternidade. Impacto de ter que se haver com uma realidade nova, irreversível e irrepresentável; impacto que provoca ruptura na continuidade psíquica, corporal e orgânica, que lança a mulher em uma necessária reaquisição de sua própria identidade. Em nossa leitura, a característica que mais se destaca do *baby blues* é sua *transitoriedade*: trata-se de um tempo de elaboração psíquica necessária, que frequentemente se materializa cronologicamente em uma depressão passageira.

Um tempo suspenso na maternidade

A figura emblemática do *baby blues* nos interroga sobre a questão do tempo do traumático na maternidade. A experiência da maternidade demanda à mulher árduo trabalho de elaboração psíquica, que muitas vezes pode ser vivido acompanhado de sentimento de tristeza e humor depressivo. A propósito da maternidade, é preciso que diferenciemos a ideia de tempo suspenso da de tempo congelado. Segundo Feder (2001), em certos períodos da vida, que se caracterizam por uma grande crise, pode ser necessária uma suspensão provisória do tempo. Isso constitui passagem obrigatória para a sobrevivência psíquica. Essa abolição provisória do tempo constitui uma espécie de parêntese, no qual é central o tempo reduzido ao instante presente e ao desejo e à satisfação. A suspensão do tempo na maternidade serve à manutenção da homeostase narcísica, buscando manter o sentimento de continuidade de si diante desse novo ser que a invade por dentro e que, mesmo após o parto, permanece fantasticamente como parte narcísica de si.

A passagem do tempo, inerente e de grande significância na experiência subjetiva da maternidade, pode ser sentida como ameaça: aceitar que o tempo passa é aceitar que qualquer coisa pode acontecer; é submeter-se ao imprevisto, à temporalidade que nos ultrapassa. A maternidade é inescapavelmente traumática, mas também constitui um tempo privilegiado para a entrada em ação do *a posteriori*. Pode funcionar como nova significação de vividos traumáticos anteriores, abrindo, então, espaço para um processo de historicização e permitindo a metabolização de um traumático que pode ter ficado encravado no psiquismo. Na maioria dos casos, mesmo quando há uma passagem temporária por um quadro de *baby blues*, poderá se desenvolver um trabalho psíquico que desemboca em uma saída criativa. Nessa situação, há abertura para a consolidação de um efetivo processo de subjetivação, implicando um tempo que se deixa passar e que vem se projetar em um futuro, tanto para a mãe quanto para o bebê.

Laplanche (1987) já chamava a atenção para o caráter necessariamente prematuro e profundamente desadaptado do bebê diante das exigências de autoconservação e da sexualidade adulta. Muito já se falou a respeito dessa prematuridade do bebê, mas, do nosso ponto de vista, essa prematuridade pode também se referir à mãe, que estaria sempre profundamente "desadaptada" para as mudanças físicas e psíquicas que a maternidade implica. Em relação a essa falta de preparo da mãe para o nascimento do bebê, Prat (2008) descreve a fala das mães em sua clínica, se queixando frequentemente de terem sido "apanhadas desprevenidas". Não haveria preparação possível para a maternidade, pois demanda a tarefa de ter que mudar radicalmente todo o funcionamento psíquico.

Sustenta Vanier (2010) que, se toda maternidade é necessariamente traumática, as condições de um nascimento prematuro são tão violentas que seus efeitos sobre as mães têm importância particular. No caso de um nascimento prematuro, não é só o bebê quem vem "antes do tempo", mas as mães são também prematuras. Para elas, a vinda ao mundo do bebê de forma imprevista representa verdadeira efração no curso de sua gravidez, em que o tempo parece ficar suspenso. Porém, para cada mãe, as consequências serão diferentes e o impacto do evento vivido na realidade só poderá ser visto a partir de uma história fantasística singular. No caso dos nascimentos prematuros, diante da ausência de preparo do psiquismo dessas mães, a chegada do bebê será vivida como uma cena tão violenta que suscitará apenas o afeto de terror (*Schreck*). A quantidade excessiva de excitação será impossível de simbolizar, de tal forma que elas se encontrarão em situação de desamparo absoluto: separação brutal, assujeitamento ao desejo onipotente de um outro, o que pode colocá-las perante um pânico inassimilável.

Ao descrever sua clínica com mães de bebês prematuros, Aupetit (2010) assinala que, depois do "golpe" (*après du coup*) sentido com o nascimento "antes do tempo", haveria nessas mães uma ausência do *après-coup*. O nascimento do bebê prematuro "fora-do-tempo", "antes do tempo", pode provocar no psiquismo materno um verdadeiro "golpe" traumático, deixando o psiquismo preso no tempo presentificado, dificultando uma historicização. O nascimento prematuro pode ser apreendido como experiência potencialmente traumática, que submete os envolvidos a uma estranha desordem que exporia a mãe a vacilações identitárias e a remanejamentos psíquicos. É nesse sentido que a autora trata a clínica de bebês prematuros como uma clínica do traumático para os pais.

A problemática da prematuridade nos conduz à questão do tempo do traumático na maternidade. Apesar de, nesses casos, o bebê chegar efetivamente "antes do tempo", em todo encontro mãe-bebê há certa prematuridade de ambos, característica do traumático. A maternidade comporta caráter essencialmente traumático; mas, em muitos casos, a suspensão do tempo seria provisória, teria um tempo de duração, e poderia, posteriormente, abrir espaço para a entrada do *après-coup*, da passagem do tempo e da possibilidade de ressignificação da história subjetiva.

Sobre esse ponto, Cardoso (2011) chama a atenção para a dimensão de eterno "atual" que pode invadir a vida subjetiva, e cuja figura maior seria a compulsão à repetição. Esta diz respeito a uma presentificação permanente que se exerce pela repetição imperativa da agonia (susto), do desespero, do desamparo. A violência do traumático diz respeito, portanto, à impossibilidade de historicização, de tal modo que o sujeito permanece fixado no registro do "atual", repetidamente presentificado, um presente que não se faz passado. Se a temporalidade do trauma possui caráter de presentificação, é justamente a noção de *après-coup* que se encontra ausente. Essa lógica implica uma temporalidade sobredeterminada, um tempo que se "dobra" sobre si mesmo, funcionando como via de reinterpretação do passado. No tempo do traumático desestruturante, do "atual", do eterno presente, não há espaço para a entrada da lógica do *après-coup* e, consequentemente, não há possibilidade de uma história que se organize sob o imperativo temporal de passado, presente e futuro mediante abertura a um ressignificar um vivido anterior.

A maternidade marcada pela impossibilidade de passagem do tempo, por esse tempo "congelado" preso no "atual", aponta para o acionamento, no psiquismo da mulher, de respostas mais radicais, que configuram verdadeira psicopatologia da maternidade. Nesse ponto, é a noção de extremo que vem auxiliar nossa reflexão sobre o caráter "extraordinário" da loucura materna.

A maternidade no campo do extremo

Baseando-nos na noção de extremo, segundo Pommier (2008), podemos pensar que o extremo na maternidade põe em jogo a materialidade do corpo em sua relação com o psiquismo, trazendo a particularidade de colocar na frente da cena a angústia radical ligada à iminência de morte psíquica. A dimensão do extremo evoca a questão da dependência e da efração corporal, isto é, nela estaria em jogo a presença de um "corpo estrangeiro" real que pode provocar drásticas ressonâncias psíquicas, suscetíveis de modificar a imagem que o sujeito tem de si. Não é o evento em si que dá o caráter extremo à situação, mas as reverberações no psiquismo que colocam o ego do sujeito diante do terror e da possibilidade de colapso.

Pommier (2008) esclarece que a noção de extremo não concerne ao caráter excessivamente visível ou excepcional de uma determinada vivência emocional, mas à relação que se instaura entre forças de vida e forças de morte – desequilíbrio mortífero que faz com que a situação extrema reative um conflito psíquico, atualizando a oposição entre pulsões de vida e pulsões de morte, na qual estas últimas prevalecem. Nesse triunfo da pulsão de morte, predominam agonias impensáveis que ameaçam a integridade egoica do sujeito, podendo lançá-lo em respostas de caráter radical.

No contexto da maternidade, tais respostas extraordinárias, que já ultrapassaram o limite da "loucura normal", pressupõem, no funcionamento psíquico, uma base traumática desestruturante que assume dimensão extrema. O extremo na maternidade diz respeito à singularidade de seu impacto no psiquismo de cada mãe, levando em consideração o modo como seu psiquismo foi constituído. Como pontuamos anteriormente, a mãe tende a se perceber profundamente identificada com o seu bebê, revivendo ela mesma o momento inicial de sua constituição psíquica e uma passividade radical, muitas vezes insuportável.

Laplanche (1987) explora o caráter necessariamente enigmático das mensagens transmitidas pelo adulto à criança, chamando a atenção para o papel da mãe como primeira sedutora. O processo de transmissão das mensagens enigmáticas toma como eixo principal aquele que as recebe. Para nós, é importante destacar a singularidade do papel daquela que as transmite, no caso a mãe. Quando estamos no campo do extremo, conforme pontua Cardoso (2011), essas mensagens não estariam abertas, nem ao processo tradutivo, nem ao recalcamento. A autora sustenta que, quando o ego fica totalmente imóvel diante de uma mensagem, pode-se supor que são colocados no interior do psiquismo elementos não metabolizáveis, intraduzíveis, com caráter imperativo. Trata-se de enclaves que dizem respeito às mensagens "intrometidas" (Laplanche, 1992) sem códigos tradutivos, que permanecem em estado bruto, sem poderem ser interpretadas e com o destino de serem repetidas compulsivamente, não entrando no registro do recalcamento. Quando buscamos entender as especificidades das mensagens que permanecem intraduzíveis no psiquismo materno, é preciso considerar que a "intromissão do outro" (Laplanche, 1992) está ligada à "realidade das mensagens" advindas da mãe. A ideia da transmissão de mensagens "imóveis", irredutíveis e dificilmente transformáveis aponta para uma impossibilidade de transformação para o próprio sujeito que as transmite.

No extremo da maternidade, estaríamos então diante de uma mãe que se "reencontra" com um estrangeiro radical que lhe foi "intrometido" (Laplanche, 1992) e que não consegue dar outro destino a essas mensagens, senão o de repetir e transmitir como um enclave para o seu próprio filho. Essas mensagens "intrusivas" são parte do que há de mais "estrangeiro" na própria mãe e que será transmitido como tal para o bebê. Agora no papel de sedutora, a mãe continuaria sem possibilidade de traduzir essas mensagens, não tendo elas outro destino senão o de serem repetidas imperativamente. O reencontro da mãe com essas mensagens "imóveis" a lançaria novamente em uma vivência de passividade radical, da qual agora mãe e bebê seriam prisioneiros, e que poderia levar a uma verdadeira psicopatologia da maternidade.

A dimensão do extremo na maternidade nos ajuda a pensar nas respostas patológicas que impossibilitam a mãe de exercer satisfatoriamente seu papel. Uma maternidade marcada pela presença de um excesso intraduzível remete a uma dimensão de tempo congelado, imóvel, de um ego radicalmente passivo diante daquilo que o abala. O excesso nos fala da ausência de uma mediação em que prevalecem respostas marcadas por um "demais" ou um "muito pouco", isto é, o excesso pode implicar uma psicopatologia materna que se manifesta de uma hiperpresença até uma profunda ausência.

Psicopatologia da maternidade: entre o demais e o muito pouco

Em determinados casos, o psiquismo materno encontra-se afetado pela emergência de um conflito de origem arcaica que traz à tona elementos da relação com a sua própria mãe que podem ser insuportáveis. O bebê pode passar a ser percebido como hipervulnerável, donde a necessidade de superprotegê-lo substitui o desejo de satisfazê-lo, e o prazer compartilhado é transformado em obsessão de cuidados. A mãe tenderia então a atuar intrusivamente; no entanto, ela nunca consegue dar conta completamente daquilo de que o bebê precisa.

Quando a loucura materna ordinária ultrapassa o estatuto de "doença normal", a mãe pode tornar-se hiperidentificada com um bebê fantasiado como extremamente vulnerável. Não haveria aqui efetivamente identificação, uma vez que esta implicaria a tomada de certo aspecto do objeto para si, transformando-o em próprio. O que supomos acontecer aqui é a presença de um mecanismo psíquico mais próximo da incorporação, em que a mãe toma para si em bloco a dependência do bebê.

Pontua Cramer (2002) que uma das opções defensivas extremas a serem adotadas pela mãe é a sua transformação em "terapeuta obsessiva", que vê a criança como um "moribundo", sempre à beira da morte, e que precisa ser constantemente vigiada e salva. A dependência do bebê parece ser sentida por essas mães como excessiva e incontornável, como se ele não fosse capaz de absolutamente nada sozinho, nem mesmo respirar sem que ela o observe. A mãe se incumbe da tarefa de estar constantemente disponível e colada com o seu bebê para garantir sua sobrevivência. Diante da impossibilidade dessa tarefa, uma vez que não pode nada contra a imaginada morte iminente de seu bebê, ela se exaure e, sobretudo, se culpabiliza, já que se sente, ela mesma, responsável pela ameaça de morte. Desqualifica-se e sucumbe em uma forma de agitação ansiosa.

Diante da percepção da hipervulnerabilidade do bebê, a mãe pode recorrer, como outra resposta defensiva extrema, a uma tentativa forçada de desidentificação com ele. Tudo se passa como se, diante da angústia materna de reviver regressivamente sua impotência infantil, ela rejeitasse qualquer tipo de aproximação com seu filho, tornando-se impossibilitada de cuidar e estabelecer um vínculo amoroso. Tal tentativa parece marcada por uma atitude acusatória e reivindicatória em relação a ele, tido como tirânico e egoísta, supostamente impedindo a mãe de se ocupar dela própria ou de suas atividades. A angústia aumenta na mãe em função do ódio que sente contra esse "tirano". Desse modo, é o sentimento de raiva e impotência ligado à fantasiada incompreensão total de seu filho que predomina.

Essas respostas, caracterizadas por uma dimensão de passividade absoluta e sentimento de culpa e tristeza profunda na mulher, nos interrogam acerca do quadro clínico tão frequentemente descrito como "depressão pós-parto" ou "depressão materna". Trata-se de um quadro clínico severo e agudo que acomete entre 10% e 20% das mulheres, podendo começar na primeira semana após o parto e perdurar por anos. Os quadros depressivos na maternidade compreendem uma série de sintomas, como: alteração do sono e do apetite, crises de choro, problemas de concentração, falta de interesse em atividades antes apreciadas, sentimento excessivo de culpa e impotência, sensação de incapacidade de cuidar do filho e desinteresse por ele, apatia, irritabilidade, tristeza profunda, mudanças bruscas de humor, letargia, entre outros. Tais sintomas, no caso da depressão materna, tendem a ter duração mais prolongada, vindo a prejudicar as atividades cotidianas da mulher e o próprio cuidado com o bebê. A gravidade do quadro é marcada pelo que tem de incapacitante, afetando a funcionalidade da mãe e pondo em perigo tanto seu bem-estar quanto o do bebê (Folino, 2014; Iaconelli, 2012).

As depressões pós-parto foram abordadas no século XVII como *melancholia ex-utero* (Boukobza, 2000), indicativas de uma situação patológica cuja especificidade seria precisamente ocorrer com o nascimento do filho. Segundo o autor, na depressão materna, devido à fragilidade de sua própria constituição narcísica, a mulher vê-se impossibilitada de investir narcisicamente seu filho. Os investimentos narcísicos recebidos pela própria mãe é que serão fundamentais para a qualidade dos investimentos que ela poderá proporcionar ao seu bebê. No caso da depressão, este é vivido como aquele que impõe à mãe a renúncia radical ao seu próprio espaço psíquico, como aquele que invade e ameaça seu território egoico. A mãe não pode, portanto, investi-lo narcisicamente, não sendo capaz de entrar e sair do estado de loucura materna ordinária. A mãe aqui não suporta, portanto, a regressão narcísica e a total exigência de disponibilidade que o nascimento do bebê provoca, uma vez que, ao fazê-lo, ela correria o risco de se perder, de sucumbir a um colapso narcísico.

A depressão materna conduz-nos a supor que, nessa mulher, os conteúdos psíquicos encravados retornam de maneira disfarçada e ameaçadora na relação com seu filho. O que não pôde entrar na cadeia representacional reaparece de maneira encarnada, condenado a se calar novamente diante da criança e da mãe. Segundo Machabert (2003), diante dessa revivência e nova impossibilidade de dar sentido a tais elementos irrepresentáveis, a mãe se apresenta com um olhar no vazio, o rosto petrificado, o corpo desabitado, perdida em seus pensamentos. A impotência, a incompreensão, a hostilidade e a falta de esperança de se familiarizar com a estranheza marcam a relação desinvestida dessa mulher com seu filho. Vemos que a questão da depressão materna aponta para uma precariedade na dimensão narcísica.

Impossibilidade de separação

Separar-se é tarefa do bebê, mas também – e sobretudo – da mãe. Quando esta é incapaz de abandonar essa "doença normal", ficando presa em um estado de regressão permanente, estamos diante de um traumático desestruturante, deletério, tanto para ela própria quanto para o bebê. Um dos aspectos fundamentais em jogo na impossibilidade de separação entre a mãe e seu filho é a dificuldade no próprio processo de separação entre ela e sua mãe. Ela não deseja efetivamente a criança, mas permanece sendo "a criança da (sua) mãe": ela espera um retorno de um "ela mesma" como fonte do prazer materno, permitindo-se viver uma relação incestuosa e arcaica em posição invertida com sua própria mãe. Ela sente como fonte de desprazer tudo o que, na existência do bebê, toma a forma de imprevisto, de uma demanda cuja resposta não é conhecida. Em uma tentativa radical de manter a integridade do seu ego diante da alteridade bebê da criança, ela tenta dominá-lo de forma extrema, não deixando espaço para sua subjetividade, o que aponta para um discurso materno tirânico, que não se deixa apagar e dar lugar para o surgimento de uma alteridade diferenciada.

Nesses casos, supomos a presença "em bloco" de determinados elementos que advêm do outro, sem encontrar no ego do sujeito uma via de elaboração, fazendo com que o psiquismo da mãe fique "estagnado" em seu próprio tempo arcaico, a mãe se encontrando impossibilitada de se identificar e se separar de sua própria história e, consequentemente, de seu bebê. Parece haver, desse modo, a insistência, no universo psíquico dessas mulheres, de um negativo da identificação, mediante o qual se opera a tomada de marcas traumáticas da vida subjetiva do objeto: essas invadem o ego, atravancando o trabalho psíquico. Está aí em jogo, supomos nós, o que Green (2008) chamou de impossibilidade de realização do trabalho do negativo. Essa noção "trabalho do negativo" diz respeito ao "apagamento" do objeto primário que possibilita a emergência de vários objetos substitutivos. O objeto deve se deixar apagar e continuar existindo na estrutura psíquica. O fracasso desse processo conduz a um mecanismo de desinvestimento extremo em que a meta destrutiva, essencial da pulsão de morte, prevalece sobre o psiquismo, incapacitando-o para a simbolização. Há, assim, um domínio interno da violência pulsional e uma precariedade na constituição dos limites psíquicos e das fronteiras entre ego e não-ego.

Como temos procurado mostrar, a maternidade se apresenta como um tempo de grande vulnerabilidade psíquica, que pode ter um desfecho rico de potencialidades reorganizadoras, mas que pode também ultrapassar certo limite da loucura normal e tomar proporções extremas. Trata-se de uma experiência subjetiva na qual tem lugar a revivência de um momento muito arcaico, a mulher estando necessariamente regredida para que haja um estado de "abertura" ao outro. Mas a crise psíquica da maternidade provoca abalos em diferentes registros.

Segundo R. Prat (2008), o extremo da maternidade obriga a repensarmos o laço entre as angústias qualificadas como arcaicas e as que são decorrentes do conflito edípico e suas reatualizações. A mulher reatualiza com seu filho o seu próprio laço materno primário e isso é a base para que ela possa ser para o bebê um ego auxiliar adequado, para que possa entrar no estado de preocupação materna primária e, depois, se restabelecer. Mas, seja qual for a extensão dessa regressão materna necessária e traumática, a mulher, nessa situação, estará novamente diante de sua própria sexualidade infantil e dos conflitos edípicos. Ao mesmo tempo que é necessário pensar o lugar do arcaico na emergência das psicopatologias da maternidade, é necessário também nunca esquecer a complexidade edípica ante a particularidade da crise psíquica característica da maternidade.

O tempo da maternidade é um tempo de confusão. Em cada mulher, os abalos da maternidade resultam em uma reatualização dos mais variados níveis do funcionamento psíquico. No que concerne à complexidade da temporalidade psíquica, os registros do arcaico, do primário e do edípico se mesclam, se enlaçam de forma particular e amplificam o valor de crise e de potencial remanejamento desse momento específico em que o ego se encontra clivado, os mecanismos de defesa habituais se encontram impotentes, o sentido de identidade pessoal está fragilizado, e a relação com o objeto se estabelece sob o modo de confusão entre o ego e o outro. Os abalos da maternidade vêm precisamente interrogar a qualidade da organização edípica feminina em seu papel protetor ante o perigo da regressão.

O Édipo feminino assume caráter organizador e protetor; seu papel de contenção das angústias arcaicas evita que estas apareçam com toda a força em um tempo de crise. Na clínica da maternidade, essas angústias podem se exprimir pelo medo de se tornar unicamente uma mãe e de já não ser uma mulher desejável e desejante; angústia de uma invasão do interior do corpo, do corpo do seu interior; angústia do parto; angústia de morte da criança etc. Sabemos que as perdas femininas são múltiplas e incessantes, do sangue da menstruação ao leite do desmame: em cada mulher, essas angústias tomam diferentes proporções. Freud (1933 [1932]/1996) já apontava que colocar uma criança no mundo é o ponto culminante do Édipo feminino, que comporta a revivência da culpabilidade ligada às fantasias eróticas em direção ao pai e à reatualização de antigos desejos recalcados. Nos vividos subjetivos nos quais impera o *extremo*, os abalos psíquicos da maternidade tornam-se particularmente desestabilizantes, para além ou aquém de uma vacilação identitária temporária, quando a angústia de castração pode já não ser protetora.

A experiência da separação, dolorosa e necessária, constitui o paradigma da loucura materna ordinária. Mas, no âmbito do extremo, de uma telescopagem entre diferentes registros de angústias, entre indistinção, separação, perda e castração, é a perda de limites que emerge com especial intensidade, a loucura materna correndo o risco de ser lançada sobre um terreno mortífero.

Referências

Aupetit, L. (2010). Si loin de la période néonatale et si près. In J. Andre, F. Ansermet, L. Aupetit, D. Candilis-Huisman, M.

Flis-Treves, A. Konichekis, B. Pierrehumbert, & C. Vanier, *Maternités traumatiques* (pp. 17-36). Paris: PUF.

Boukobza, C. (2000). Como um náufrago sobre um rochedo: a depressão materna do pós-parto. *Revista da Associação Psicanalítica de Curitiba*, *4*(4),16-27.

Bydlowski, M. (2007). Las representaciones inconscientes durante el embarazo. In M. Bydlowski, *La deuda de vida: itinerario psicoanalítico de la maternidad* (pp. 75-124). Madrid: Biblioteca Nueva.

Cardoso, M. R. (2011). Recusa ao ato na adolescência: uma "reação subjetiva negativa"? *Ágora*, *14*(1),21-33.

Cramer, B. (2002). Les dépressions du post-partum: une pathologie de la préoccupation maternelle primaire? *Devenir*, *14*(2),89-99.

Feder, F. (2001). Une figure du temps à l'adolescence: le temps suspendu. *Revue francaise de psychanalyse*, *65*(3),795-805.

Folino, C. S. G. (2014). *Sobre dores e amores: caminhos da tristeza materna na elaboração psíquica da parentalidade* [Tese de doutorado]. Instituto de Psicologia, Universidade de São Paulo, São Paulo.

Freud, S. (1996). Conferência XXXIII: Feminilidade. In Novas conferências introdutórias sobre psicanálise e outros trabalhos (1932-1936). In S. Freud, *Edição standard brasileira das obras psicológicas completas de Sigmund Freud* (Vol. 22). Rio de Janeiro: Imago. (Artigo original escrito em 1932 e publicado em 1933).

Green, A. (2008). *De locuras privadas* (2ªed.). Buenos Aires: Amorrortu.

Guyomard, D. (2006). La folie maternelle: une paradoxe? In J. Andre, H. David, S. Dreyfus-Asseo, D. Guyomard, C. Thompson, & M.-K. Yi, *La folie maternelle ordinaire* (pp. 113-129). Paris: PUF.

Iaconelli, V. (2012). *Mal-estar na maternidade: do infanticídio à função materna* [Tese de doutorado em psicologia]. Instituto de Psicologia, Universidade de São Paulo.

Laplanche, J. (1987). *Nouveaux fondaments pour la psychanalyse: la seduction originaire*. Paris: PUF.

Laplanche, J. (1992). *La révolution copernicienne inachevée*. Paris: Aubier.

Machabert, R. (2003). Une depression maternelle. In C. Chabert,& J.-C. Rolland (Orgs.), *L'enfance du féminin*. Paris: In Press.

Pommier, F. (2008). *L'extrême en psychanalyse*. Paris: Campagne Première.

Prat, R. (2008). Entre demais e muito pouco: a quadratura do círculo da parentalidade. *Revista brasileira de psicanálise*, *42*(4), 125-137.

Turcotte, S. (2004). *Mouvements fusionnels et rejetants et influence des angoisses paranoïdes et dépressives dans l'expérience maternelle de deux états-limite* [Tese de doutorado]. Département de Psychologie, Faculté des Arts et Sciences, Université de Montréal, Canadá.

Vanier, C. (2010). Prématurément mère. In J. Andre, F. Ansermet, L. Aupetit, D. Candilis-Huisman, M. Flis-Treves, A. Konichekis, B. Pierrehumbert, & C. Vanier, *Maternités traumatiques* (pp. 37-52). Paris: PUF.

Winnicott, D. W. (2000). A preocupação materna primária. In D. W. Winnicott, *Da pediatria à psicanálise* (Davy Bogomoletz, Trad; pp. 399-405). Rio de Janeiro: Imago. (Trabalho original publicado em 1956).

8. Automutilações na adolescência: reflexões sobre o corpo e o tempo[1]

Natália de Oliveira de Paula Cidade

Silvia Abu-Jamra Zornig

O fenômeno das automutilações vem sendo estudado pelo campo da psiquiatria desde o século XIX, tendo como marco a publicação de algumas teses e livros sobre a temática referida (Scaramozzino, 2004). Em 1909, Marie Michel Lorthiois publica o livro intitulado *De l'automutilation: mutilations et suicides étranges*, no qual consta uma primeira definição mais apurada do termo *automutilação*. De acordo com a autora, a automutilação seria caracterizada como lesões feitas pelo próprio indivíduo em seus tecidos ou órgãos: um ataque à integridade do corpo. Em 1938, o psiquiatra e psicanalista norte-americano Karl Menninger (1938/1970) publica *Eros e tânatos: o homem contra si próprio*, no qual propõe uma discussão sobre a destrutividade do homem e as diferentes formas que ela poderia tomar – entre elas os comportamentos automutilatórios.

A partir da década de 1960, verificamos aumento significativo no número de estudos publicados sobre a temática das automutilações, em especial a partir dos trabalhos de Ping-Nie Pao (1969), que

1 Publicado anteriormente em *Estilos da Clínica*, *26*(1), 129-144, 2021.

descreve a chamada *Syndrome of Delicate Self-Cutting*, ou "síndrome da escarificação delicada", de Rosenthal et al. (1972), que cunham a *Síndrome dos Cortadores de Punho*; e de Armando Favazza (1987/2011), Pattison e Kahan (1983) e Ross e McKay (1979), autores que abordam de forma mais aprofundada os diferentes fenômenos de automutilação. Tendo como base essas contribuições, há um acréscimo à definição das automutilações: caracterizam-se por um dano autoinfligido intencionalmente a uma parte do próprio corpo, sem a intenção consciente de morte (Feldman, 1988).

Indo ao encontro do aumento significativo de aparecimento desses sintomas em unidades de saúde, escolas e consultórios nas últimas décadas, estudos realizados em diferentes países – dentre os quais destacamos a França, os Estados Unidos e o Brasil – apontam a adolescência como o momento de surgimento dos comportamentos automutilatórios, assim como período de sua maior prevalência, comparado a outras fases da vida (Demantova, 2017; Favazza, 1987/2011; Gicquel & Corcos, 2011; Richard, 2005; Suyemoto & MacDonald, 1995). Esse fenômeno vem crescendo na população adolescente desde as décadas de 1960 e 1970, e pesquisadores de diferentes países vêm se engajando em estudos que possam esclarecer os motivos para esse crescimento, assim como auxiliar na compreensão dessas práticas. No Brasil podemos observar um aumento significativo dessas práticas nos últimos vinte anos (Giusti, 2013).

O fenômeno das automutilações é muito mais heterogêneo do que comumente se observa na literatura sobre o tema. Não se limitam aos cortes superficiais na pele, como são frequentemente representadas, mas dizem respeito a uma série de condutas diferenciadas que têm em comum os danos infligidos à própria pele. Em geral, podem ser encontradas de forma isolada ou complementar (uma ou mais práticas distintas) e podem ser realizadas com ou sem a ajuda de objetos externos. Destacamos as práticas de escarificações (também conhecidas pelo termo *cutting*), queimaduras, arranhões, abrasões cutâneas e escoriações (Pommereau, 2006).

É comum que o sujeito utilize mais de um método de automutilação em momentos diferentes, e os locais de incidência mais frequentes são os punhos, os antebraços, as coxas, as pernas, a barriga e as áreas frontais do corpo, uma vez que são de mais fácil acesso. De acordo com Gicquel e Corcos (2011), na maior parte dos casos há um aumento de tensão, raiva, ansiedade e tristeza antes do ato. Sentimento de rejeição, abandono (real ou imaginário), culpa e sensação de vazio. Posteriormente, viriam sensações momentâneas de alívio e de diminuição de tensão que podem estar acompanhadas ou não de arrependimento e vergonha devidos à prática de tais atos.

Destacamos a dimensão privilegiada que ganha o corpo nesses fenômenos, assim como no período da adolescência. É o corpo que manifesta um sofrimento que não pode ser colocado em palavras e é por meio dele que o sujeito encontra uma via de expressão e de descarga daquilo que o faz sofrer. No cenário das autoferidas, também é o corpo que está à frente: denuncia conteúdos e vivências que ultrapassam o universo das representações psíquicas e apontam para outras formas de aparição dessas excitações que não estão contidas de forma representacional. A convocação ao corpo aponta para o irrepresentável de um excesso pulsional que não pôde ser contido e que ultrapassou os limites psíquicos daquele sujeito (Cidade & Zornig, 2016).

Automutilações na clínica psicanalítica: a prevalência da adolescência

Com o surgimento da puberdade, uma série de mudanças vai se impor ao sujeito, dentre as quais destacamos aquelas nos âmbitos corporal, sexual, social e familiar. Trata-se de um período marcado por perdas, lutos e ressignificações de elementos infantis importantes, uma vez que o sujeito passa a ter acesso a um universo novo e é convocado a lidar com uma série de problemáticas que não se impunham a ele na infância. Podemos compreender esse período como marcado por um processo que exige um trabalho constante de nomear, conter e dar sentido a toda novidade que é vivenciada (Cardoso, 2006). Tudo isso leva à ameaça subjetiva de perda da integridade egoica ligada a essa série de remanejamentos que o sujeito vai ser impelido a viver. Nesse sentido, as automutilações podem ser entendidas como um dos recursos radicais utilizados como forma defensiva diante das ameaças de desintegração do eu (Cidade, 2020).

Em relação às ressignificações corporais e psíquicas próprias do momento da adolescência, podemos pensar, em consonância com Barrault (2005), que o recurso ao corpo torna-se meio privilegiado de expressão na adolescência, estando o início das condutas automutilatórias vinculado a essa problemática. Nesse cenário, aponta Birraux (1994/2013), o inimigo passa a ser o corpo, uma vez que condensa tanto a memória da infância quanto as novas necessidades e exigências de um corpo que agora pode se realizar sexualmente. O corpo na adolescência não é apenas uma realidade biológica, mas também um paradigma essencial para compreender a maior parte das problemáticas desse período: é o pano de fundo sobre o qual os remanejamentos não só físicos, mas também eróticos e fantasmáticos, podem se dar (Marty, 2010).

Tanto Corcos e Richard (2006) quanto Dargent e Matha (2011) afirmam que as automutilações nos dão notícias de falhas no sistema de paraexcitação, baseados nas discussões teóricas advindas do segundo dualismo pulsional de Freud (1920/1996a), em especial acerca do modelo da vesícula, envoltório 3D que podemos relacionar com o envoltório corporal que nos envolve: a pele. O modelo freudiano da vesícula consiste em uma espécie de dispositivo protetor antiestímulo, nos protegendo contra excitações recebidas, reduzindo suas intensidades. No entanto, quando o aumento da excitação é maior do que a capacidade de proteção, a vesícula acaba sendo rompida, liberando um excesso pulsional que transborda as possibilidades psíquicas de contenção e representação.

Nas condutas de automutilação, o que está em jogo é um corpo para além da representação, que sofre com uma carga pulsional excessiva. Nesse contexto, Dargent (2010) sublinha que "o corpo é, acima de tudo, atacado" (p. 132, tradução nossa), e esse ataque nos dá notícias de um transbordamento pulsional. Diante da ameaça de irrupção de um excesso pulsional e do fracasso do princípio do prazer, coloca Cardoso (2001), outras formas de ação serão necessárias para dar conta desse montante. Será preciso fazer algo diante disso que ultrapassa as capacidades psíquicas, tentar dominar o que não se apresenta pela via da palavra. É nesse contexto que a tendência à ação surge como possibilidade de saída diante do impasse gerado pelo excesso: o *agir* passa a tomar conta da cena.

Mayer (2001) aponta que o campo da atuação diz respeito a um "curto-circuito" existente entre o impulso e a ação, não havendo espaço para o processamento psíquico. O autor destaca como característica fundamental dessas ações seu caráter impulsivo, repetitivo e atual. Complementando, Savietto (2007) aponta que o fenômeno das passagens ao ato gera uma tendência do aparelho psíquico a responder ao excesso de excitação utilizando o recurso da compulsão à repetição, na tentativa de manter seu equilíbrio. A autora sublinha as passagens ao ato como tentativa de contenção desse montante pulsional, sem que se efetive um trabalho de elaboração psíquica.

Nesse sentido, podemos compreender que, na passagem ao ato, há impossibilidade de o sujeito recorrer à palavra, lançando mão do corpo como principal via de descarga do excesso pulsional que o atormenta. A dimensão que o faria recorrer à fala está fora de seu alcance. Dentro de uma infinidade de atos, pode-se pensar na automutilação como uma das resultantes de um encontro com esse excesso pulsional que o aparelho psíquico não é capaz de suportar e elaborar. Dessa forma, o ato automutilatório constituir-se-ia como possibilidade de descarga para o sujeito em questão, assim como tentativa de contenção desse excesso pulsional que transborda.

Encontramos em Demantova (2017) estreita relação entre os elementos traumáticos que constituem o momento da adolescência e as escarificações como recurso defensivo e de simbolização ante essa problemática. Dentro dos processos de separação próprios à adolescência, a autora ressalta o luto dos objetos primários. Essa é considerada a operação mais complexa de separação, sendo vivida pelo adolescente como uma espécie de morte, sentida como real experiência subjetiva de perda. A dificuldade se acentua, uma vez que o objeto que precisa ser abandonado é justamente aquele que fundou o sujeito narcisicamente.

Contudo, Cardoso (2014) chama a atenção para o caráter paradoxal presente no processo de separação próprio à adolescência e afirma que a maior dificuldade está em se separar de um objeto que esteve ausente, uma vez que isso potencializaria a sua presença. Em alguns casos, essa operação de separação não pode se completar de forma satisfatória, uma vez que a relação com os objetos primários tenha se configurado de forma complicada desde os primórdios da constituição psíquica. Nesses casos, Demantova (2017) destaca que a separação dos objetos primários na adolescência pode levar a uma verdadeira desorganização narcísica, motivo pelo qual os adolescentes acionariam o *agir*, convocando o corpo para dar conta de uma problemática que o ego não consegue resolver psiquicamente. As automutilações entrariam em jogo aqui como forma de proteção diante da ameaça de perda, tanto de si como do outro.

Todas essas transformações da adolescência, acrescidas da revivescência do complexo de Édipo, deixam o jovem com um sentimento de ser transbordado por questões que se impõem a ele sem que tenha algum domínio sobre elas. Cardoso (2001) se refere à adolescência como um momento de travessia, ressaltando a prevalência de mecanismos defensivos mais arcaicos e elementares, como as atuações e passagens ao ato, fruto de um apelo extremo do ego para que o corpo entre em cena. Esse fato nos dá notícia de um nível precário de elaboração psíquica que acompanharia esses jovens e os levaria a respostas radicais, como o recurso ao ato automutilatório.

O sujeito adolescente se sente submetido a essa série de mudanças e é reenviado a uma situação de passividade, que vem fazer eco a um sentimento de passividade extrema próprio à primeira infância. Diante de tudo isso, Barrault (2005) aponta que o adolescente vai tentar se opor buscando forças pelo recurso ao ato, de forma que, nos esclarece Demantova (2017), o apelo ao ato se inscreve em um cenário defensivo, como último recurso ante a experiência insuportável de passividade e impotência. Na mesma direção, encontramos nas condutas de automutilação uma tentativa de dominar ativamente, por meio da agressividade voltada para o próprio corpo, alguma vivência de passividade anterior, à qual o sujeito teria sido submetido. Corcos e Richard (2006), assim como Pommereau (2006), apontam para essa característica da automutilação como tentativa de retomar uma posição ativa.

Dargent e Matha (2011) ressaltam a característica reflexiva presente nas condutas automutilatórias: o sujeito é, ao mesmo tempo, ativo (quando se inflige as feridas) e passivo (vive na própria pele os machucados). Ele é a vítima e seu próprio carrasco. As autoras relacionam o fenômeno das automutilações aos destinos pulsionais que aí se encontram envolvidos. Na tentativa de inversão da passividade em atividade, presente nas atuações, encontramos o destino pulsional da *reversão em seu oposto*. Ao mesmo tempo, encontramos entrelaçado a este o destino pulsional do *retorno ao próprio eu*, uma vez que o objeto não chega a ser solicitado, sendo um ato que se resolve pela própria pessoa e no próprio corpo. Temos presentes, nas automutilações, os dois destinos pulsionais mais primitivos, anteriores ao mecanismo de recalcamento (Freud, 1915/1996f).

É nesse cenário que observamos de que forma as mudanças advindas a partir da puberdade perturbam de forma grave o equilíbrio narcísico conquistado na infância, colocando em perigo a coesão do eu e o sentimento de continuidade de existência. Se o corpo da infância tornou-se familiar e bem mapeado, o corpo da adolescência surge como uma surpresa e um mistério a ser desvendado. Dessa forma, Marty (2007, 2010) aponta que as mudanças que surgem na adolescência, tanto no universo somático quanto no psíquico, colocam em cena um vivido de descontinuidade que se manifesta por sentimentos de estranheza e não reconhecimento de si mesmo. Nesse sentido, podemos compreender que a passagem da infância para a vida adulta não se dá sem rupturas, descontinuidades que também fazem parte dessa travessia, tecendo e costurando o sentimento de continuidade de ser.

Gostaríamos de ressaltar que as automutilações comportam sempre duas dimensões: uma dimensão edípica, tendo relação direta com a problemática da adolescência e seus remanejamentos e revivescências, e uma dimensão arcaica, que diz respeito a problemáticas mais narcísicas do início da vida, de construção do eu corporal e da dimensão do sensorial (Cidade, 2020).

Se, ao pensarmos na adolescência, estamos em contato direto com as questões edípicas trazidas por todo o trabalho psíquico exigido pelo período, não nos deixemos esquecer que o arcaico se mantém e se presentifica em diferentes momentos de nossa existência. Aproveitando a discussão acerca da temporalidade na qual se inscreve a adolescência, que não se caracteriza como desenvolvimento linear de etapas a serem cumpridas e ultrapassadas, mas como momento de passagem que, ao mesmo tempo, mantém vivências de continuidade e de descontinuidade com outros tempos da infância, a adolescência ganha um novo olhar de importância ao longo de toda a vida do sujeito.

Em consonância com Gicquel e Corcos (2011), podemos pensar que as automutilações encontradas na adolescência falam de um sofrimento psíquico anterior a esse momento, mas que está sendo ressignificado junto com o trabalho da adolescência. Os autores destacam a importância de pensarmos na qualidade do desenvolvimento infantil desse adolescente, assim como em suas memórias mais antigas, uma vez que a puberdade traz à tona uma reativação de eventos, sentimentos e sensações da primeira infância.

Nesta direção, Roussillon (2010a) ressalta que a adolescência é um tempo no qual o sujeito teria uma espécie de "segunda chance" potencial para ressignificar processos que começaram nos primórdios de sua vida psíquica, em especial aqueles que não se passaram bem em relação ao par mãe-bebê. No cenário das automutilações, Gicquel e Corcos (2011) apontam para um processo de construção de si mesmo que é contínuo no tempo e no espaço desde os primeiros anos de vida, sendo a adolescência um momento de ressignificação importante, de construção de novas formas de ser e estar no mundo.

A dimensão arcaica das automutilações na adolescência

No que diz respeito à problemática das automutilações na adolescência, defendemos a ideia de que seria possível encontrar nessas condutas uma leitura privilegiada de aspectos infantis mais arcaicos, anteriores à problemática edípica, relacionados ao momento de desenvolvimento do bebê. Com base nos escritos de Ciccone

(2011), sustentamos um aprofundamento acerca da temática do arcaico para sublinhar que a forma de apreensão do mundo e as marcas deixadas pela nossa experiência quando bebês não desaparecem, nem se transformam completamente com o passar do tempo, na direção da vida adulta. A maneira de se relacionar com o mundo permanece lado a lado com outros modelos de compreensão de si mesmo e dos outros. Nesse cenário, podemos entender as automutilações na adolescência como uma via atual pela qual algumas vivências da ordem do *arcaico* se apresentariam, em um registro que conjuga, ao mesmo tempo, passado e presente. Essa forma de compreensão do arcaico coloca em jogo um curto-circuito no tempo, de maneira que formas bastante primitivas de se relacionar com o entorno surgem na superfície de relações agora muito mais complexas. As automutilações podem nos dar notícia dos primórdios da constituição psíquica desses sujeitos, trazendo à tona uma dimensão corporal de sentimentos e formas de se relacionar vividos nesses primeiros momentos de vida, cercados por diferentes sensorialidades (Cidade, 2020).

O conceito de arcaico traz à tona questionamentos acerca da temporalidade na clínica psicanalítica, uma vez que, não importa a idade do paciente, não temos como acessar essas bases originárias. Mesmo que a psicanálise seja aplicada a sujeitos cada vez mais jovens, como vemos na clínica com bebês, o arcaico não se manifesta de forma direta e observável, só podendo ser acessado a partir de seus efeitos ao longo do tempo. É sob esse arcaico, que perverte a linha do tempo cronológico, ao mesmo tempo que se configura como elemento de potência na clínica, que gostaríamos de lançar luz na temática das automutilações.

André Green (1982/1990) aponta que o nascimento do psiquismo é marcado por um período arcaico que remete às origens de nossa existência. Todavia, o autor amplia a discussão temporal trazida pelo conceito de arcaico, afirmando que a metáfora de uma possível arqueologia psíquica a ser realizada pelo analista na direção de um passado que ficou imóvel, congelado em tempo primevo, aguardando para ser descoberto e reconstituído posteriormente, não faz sentido, uma vez que chegar às origens do psiquismo, além de ser uma ilusão, não traria os benefícios esperados. O autor ressalta que o material trazido para a superfície do psiquismo pelo trabalho de interpretação e associação livre não pode ser considerado o testemunho fiel da pré-história do sujeito, sendo essa maneira de ver o tempo como estanque e imutável uma ideia ingênua de que o passado se conserva em sua forma originária.

O arcaico não está no passado esperando passivamente sua descoberta, mas está sempre presente, se manifestando em nós no cotidiano. Partindo dessa constatação, Green (1982/1990) sugere que, em vez de seguirmos em uma busca inócua na direção de um passado estagnado e ilusório, tentemos o caminho inverso: encontrarmos o passado que se apresenta *no presente*, no *après coup* de enésimos "segundos tempos" aos quais temos acesso em diferentes momentos da vida. O autor sugere acrescentarmos essa dimensão do *a posteriori* ao arcaico, com o intuito de destacar que a única forma de falar do arcaico é levando em consideração essa maneira diferenciada de abordar o registro temporal.

Importante abordarmos essa noção freudiana de *après coup* (*Nachträglichkeit*) para melhor compreensão da discussão proposta acerca da temporalidade do psiquismo. Segundo Laplanche e Pontalis (1967/1970), tal ideia está intrinsecamente ligada à teoria do trauma em dois tempos. Em uma primeira cena, a criança é convidada sexualmente por um adulto, sem que ela compreenda o que ocorreu como excitação sexual genital. A segunda cena, normalmente de caráter anódino, ocorre a partir da puberdade e evoca a primeira por traço associativo, transformando seu valor posteriormente, pois agora a excitação sexual já pode ser vivida como tal.

De acordo com Jacques André (2008), ao usar o termo *Nachträglichkeit*, Freud nos apresenta uma noção de tempo bastante diferenciada daquela proposta pela flecha comum de passado, presente e futuro, com uma única direção a ser percorrida. O conceito de *Nachträglichkeit* faz cair por terra o tempo linear, apresentando um tempo que condensa paradoxos: une "a simultaneidade, a solidariedade, a confusão de um passado-presente e de um presente-passado. O efeito de *après-coup* ignora a contradição" (André, 2008, p. 140).

Ressaltamos que, dessa perspectiva, a mudança está no fato de que a recordação do sujeito não diz respeito à cena exata ocorrida na realidade, mas ao acesso a um material transformado e processado psiquicamente, que pode continuar a ser modificado ao longo do tempo. Dessa forma, uma experiência passada pode ser ressignificada em um contexto de experiência atual, assim como uma experiência atual deve levar em consideração vivências e acontecimentos do passado (Cidade & Zornig, 2016). São esses elementos e possibilidades de complexificação temporal que fornecerão as bases para melhor compreensão dos elementos sensoriais e rítmicos na clínica da automutilação, de forma que esta se torna mais dinâmica e potente no que diz respeito a possíveis ressignificações de materiais advindos do passado, assim como do presente.

Esse pensamento vai ao encontro de estudos recentes da psicanálise francesa sobre possíveis pontos de convergência entre o funcionamento psíquico dos bebês e dos adolescentes: movimento chamado *Bébés-ados* (Braconnier & Golse, 2008). Sobre essa temática, Konicheckis (1999) ressalta que os vínculos psique-soma seriam fundadores e originais desses dois momentos da vida, caracterizando-se como fio condutor que permite o diálogo entre ambas as problemáticas. Complementando, Roussillon (1999, 2011) e Moro (2008) ressaltam a importância das expressões somáticas como protonarrativas de si, sendo o corpo uma via de expressão privilegiada, especialmente nos momentos da primeira infância (pré-verbal) e da adolescência.

A partir desse campo de estudo dos *Bébés-ados*, encontramos uma convergência entre dois momentos primordiais na constituição psíquica e nos processos identificatórios, de forma que a importância de reconhecer a dimensão do arcaico no fenômeno das automutilações surge como elemento de bastante interesse para o presente trabalho. Compreender as manifestações da automutilação na adolescência também nos dá notícias da constituição psíquica desse sujeito, tendo relação direta com o bebê que esse adolescente um dia foi e com mecanismos e formas primitivas do eu que permanecem ao longo do tempo.

Apesar de não citarem explicitamente o quadro clínico das automutilações, Golse e Roussillon (2010) defendem a ideia de que fenômenos clínicos que passam pelo corpo ou pelo ato são testemunhas de um arcaico ainda vivo e sempre atuante na vida psíquica dos sujeitos. Apesar de essa dimensão estar mais explicitada em quadros traumáticos ou psicopatologias futuras, os autores compartilham a visão de que elementos desse arcaico estariam na base de nosso funcionamento psíquico e se fariam presentes ao longo de toda a vida, não importando a idade que tenhamos. Ambos voltam sua atenção para a importância das primeiras experiências subjetivas na constituição psíquica e ressaltam que o próprio Freud já deixou esse pensamento encaminhado ao longo de sua obra, apesar de não ter se aprofundado sobre a mesma ótica.

Aprofundando a temática, Roussillon (2010b) aposta na importância de voltarmos nossa atenção para os primórdios da constituição psíquica, uma vez que nesse primeiro tempo estariam contidas experiências que podem nos auxiliar a melhor compreender sofrimentos que vão eclodir em segundos, terceiros e "enésimos" tempos. No caso das automutilações, a adolescência e seu "segundo tempo" carregariam consigo elementos advindos de um tempo primevo, que surgiriam na tentativa de ressignificar essas experiências arcaicas junto com outras problemáticas próprias à idade. A vida adulta e seus "enésimos tempos" também poderiam exemplificar eclosões de sofrimentos que teriam tido suas primeiras camadas delineadas em outros tempos, fazendo eco às camadas da primeira infância, da adolescência e até mesmo da própria vida adulta.

Essa forma de compreender os primórdios não evoca apenas uma época específica no tempo, mas corresponde à maneira pela qual o infantil, sempre vivo e atuante em nós, vê o mundo, interpreta as experiências, sofre e tenta se proteger de novos sofrimentos. Considerar que as experiências do início estão na base dos sofrimentos humanos e do desamparo é pensar que o infantil não pertence apenas à história passada do sujeito; mas ao presente, tendo efeitos que não se encontram presos ao tempo do passado, mas dizem respeito à história presente do sujeito.

Com o intuito de trazer à tona uma discussão sobre a temporalidade dentro dos estudos sobre a primeira infância, Golse e Roussillon (2010) tomam emprestada uma contribuição de Jean Laplanche a respeito de uma temporalidade que não é nem a da seta, direcionada apenas para o futuro, nem a do círculo, culminando nos mesmos acontecimentos: uma ideia de tempo em espiral. Essa forma de compreender o tempo dá notícias dos mesmos acontecimentos ou tipos de experiências subjetivas, porém já contendo um plano distanciado do primeiro, com elementos novos e antigos ao mesmo tempo.

Nessa direção, podemos conjugar o estudo da adolescência e da primeira infância com o objetivo de melhor compreender de que forma o campo das automutilações possui relação direta com a complexificação da discussão sobre a temporalidade na constituição psíquica. Se o tempo não é entendido linearmente, mas como espiral de eterno retorno, os acontecimentos da vida atual ecoam e ativam camadas mais antigas, que permanecem atuais pelo próprio movimento temporal complexo. O passado deixa de ser estanque e abrimos caminho para uma compreensão da dimensão arcaica presente no fenômeno das automutilações. Roussillon (2010b) define o arcaico como "um tempo além do tempo" (p. 98, tradução nossa), e, se pensarmos em movimentos espiralados formados pelas experiências (que constituem e/ou assolam o psiquismo), estaremos sempre diante de um tempo inalcançável – um tempo para além de seu próprio tempo.

Dessa forma, este artigo volta seu interesse para uma dimensão mais arcaica presente no fenômeno das automutilações na adolescência, na direção de compreender possíveis efeitos da constituição psíquica que se apresentariam nas condutas automutilatórias, para além dos sofrimentos traumáticos que podem estar sendo reencenados em busca de simbolização. Apostamos na ideia de que as automutilações nos dão notícia de um universo sensorial e de níveis mais primários de representação do eu desse sujeito, que permanecem atuando, assim como de seus primeiros encontros intersubjetivos e relacionais com seus objetos primordiais, trazendo o corpo para o centro da cena.

O corpo e o pré-verbal nas automutilações da adolescência

Se na adolescência encontramos uma exigência de trabalho psíquico com o intuito de ressignificar o corpo e o sexual que surgem com novidade, nos deparamos ainda com uma revivescência do Édipo, trazendo à tona todas as questões complexas que envolvem a escolha objetal e ainda a consolidação dos processos identitários (Barrault, 2005). Ressaltamos anteriormente, contudo, que o período da adolescência traz consigo a ressignificação de processos primários, mais ligados ao arcaico, e secundários. O universo das vivências anteriores à aquisição de linguagem verbal, compartilhado pelo par mãe-bebê, encontra-se em foco quando o corpo está à frente da cena; mais ainda, se falamos sobre práticas que envolvem a pele, primeiro esboço de envoltório corporal construído entre o eu e seu par intersubjetivo (Roussillon, 2007).

É nesse sentido que acreditamos ser de extrema importância voltar nossas atenções para a dimensão pré-verbal existente no universo das automutilações. Se esse fenômeno se ancora no corpo, tudo que se passa nessa seara ganha um peso diferenciado. Sabemos que antes de sermos capazes de nos representarmos psiquicamente, o eu existe *no* e *por meio* do corpo. O corpo vem antes da palavra, das representações e dos pensamentos. Começamos a existir pelo corpo e a dimensão corporal nos constitui e nos acompanha ao longo de toda a vida.

Ao abordarmos as dimensões de mente e corpo, gostaríamos de ressaltar que não estamos defendendo uma visão hierárquica na qual a atividade psíquica teria um valor maior do que elementos advindos do corpo, ou que a elaboração psíquica é almejada em detrimento de outros recursos corporais. As dimensões do soma e da psique são parte de um só sujeito – de forma que optamos por apenas ressaltar as diferenças existentes entre esses dois registros. Corpo e mente formam um só eu, mas se desenvolvem e se expressam de formas diferenciadas. Seguindo as contribuições freudianas sobre a temática em questão, gostaríamos de trazer à tona o conceito de eu corporal e ressaltar o fato de que o ego não está formado desde o princípio da vida, como afirma Freud (1914/1996g) em seus estudos sobre o narcisismo. Nas palavras do autor, "estamos destinados a supor que uma unidade comparável ao ego não pode existir no indivíduo desde o começo; o ego tem que ser desenvolvido" (Freud, 1914/1996g, p. 84). Será necessário o surgimento de certa "ação psíquica", que promova o surgimento do narcisismo, para que o sujeito possa se reconhecer como ele mesmo, habitante daquele corpo e daquele psiquismo. Entretanto, se o ego não está lá desde o princípio, como ele se origina?

Em *O ego e o id*, encontramos a clássica frase que dá sustentação à maioria das pesquisas psicanalíticas atuais sobre o corpo e o início da vida: "O ego é, primeiro e acima de tudo, um ego corporal; não é simplesmente uma entidade de superfície, mas é, ele próprio, a projeção de uma superfície" (Freud, 1923/1996e, p. 39). Sendo assim, compreendemos que a origem do ego se dá no corpo. Se no início tudo era id, a partir do contato com o mundo externo – tendo como mediadores a percepção e os órgãos dos sentidos – uma parte do id vai se diferenciando até formar o ego (e posteriormente o superego).

Dessa forma, sublinhamos que a vida começa pelo corpo e pelas sensações com as quais entramos em contato, e destacamos a importância que Freud dá à superfície da pele, considerando que o ego surge a partir do contato que temos com o mundo, mediado pelas sensações corporais. É a partir da percepção e da consciência, da maneira como sentimos e somos transformados pela nossa experiência sensorial com o mundo, que o ego se forma – e se transforma.

De acordo com Dargent e Matha (2011), as automutilações surgem em um cenário em que o acesso ao pensamento está prejudicado, de forma que o corpo é que toma a frente da cena e faz o papel de paraexcitação. Elas se caracterizariam como comportamento que externaliza no corpo uma dor psíquica pouco circunscrita, sendo uma tentativa de conter e filtrar esse excesso pulsional. É um ato de descarga que gera alívio imediato e passageiro.

O psiquismo é afetado ante o terror do excesso pulsional, de maneira que a emoção que provém do corpo não consegue tomar a forma de pensamentos. Esse fenômeno materializa e manifesta um sofrimento psíquico que não consegue ser colocado em palavras ou encontrar uma via de expressão simbólica que não seja por meio do corpo. É um sofrimento em que o sujeito não sabe exatamente do que se trata, uma vez que o sofrimento não está inserido em uma cadeia representacional. Baseados nas contribuições de Bion, os autores Corcos e Richard (2006) evocam a ideia de que o corpo é a fonte das emoções e dos pensamentos, reiterando o entendimento de que determinados sofrimentos não são representados psiquicamente. No que diz respeito às automutilações, esses autores relacionam esses fenômenos com a alexitimia, que seria uma dificuldade em descrever verbalmente emoções, sentimentos e sensações corporais vividos. Nesse cenário, as automutilações teriam como função uma tentativa de regular as emoções, que não conseguem ser traduzidas pelo sujeito em palavras. O que acaba jorrando para o corpo e termina como ato automutilatório seriam emoções às quais o sujeito não teria acesso verbalmente, tornando-as indizíveis, impossíveis de colocar em palavras.

Se, na primeira infância, a emoção é transmitida por meio do corpo entre o par mãe-bebê, a linguagem corporal passa a desempenhar um papel fundamental na construção das emoções do bebê. Se essa transmissão não é realizada de forma satisfatória, o bebê não consegue entender suas próprias emoções, de forma que elas ficam bloqueadas e restritas ao corpo. Essas feridas não são passíveis de fala, uma vez que dizem respeito a formas de experimentar o mundo e situações anteriores à aquisição da linguagem verbal.

De acordo com Pommereau (2006), as automutilações são indícios de uma *linguagem do indizível*, associando-se a elas uma função de *comunicação*. Essa função consiste em encarnar – tornar carne – as feridas psíquicas do sujeito, direcionando-as ao corpo e à possibilidade do olhar do outro. As feridas físicas lhe instauram a esperança de ser visto, reconhecido e compreendido em seus sofrimentos. Elas também denunciam os vínculos afetivos que constituem o sujeito, comunicando ao mundo algo de sua história e fazendo do corpo uma interface de troca. Complementando, podemos pensar com Chouvier (2008) que, quando ganha a cena na clínica, o corpo nos leva a interrogar sobre o início da vida psíquica do sujeito e suas primeiras etapas do desenvolvimento, abrindo para uma nova compreensão do que vem do soma.

Em relação a uma linguagem pré-verbal presente nas automutilações, encontramos em Roussillon (2008) uma ideia de que os atos, para além da tendência à descarga ou evacuação de conteúdos psíquicos, podem comportar ainda uma dimensão de linguagem, contendo valor mensageiro e de memória. Com base nos textos freudianos iniciais sobre as histéricas e suas atuações, assim como seus escritos mais próximos do final da vida sobre os atos psicóticos, o autor propõe ampliarmos esses estudos na direção de uma *linguagem do ato*.

Comportando as devidas diferenças entre as significações de cada ato, mais circunscritas aos domínios da representação ou mais arcaicas, anteriores à aquisição de linguagem verbal, o autor nos apresenta a hipótese de que os atos recontam (ou tentam recontar) uma história particular do sujeito, que por vezes nos remete à primeira infância e a um momento no qual o corpo e o pré-verbal estavam à frente da cena. Com isso, podemos pensar que o corpo conta a história das relações interpessoais das origens, dos primeiros vínculos construídos com um outro, próprios ao início intersubjetivo da vida.

Se o corpo conta a história das primeiras relações com o mundo, então estamos supondo que há um registro desses acontecimentos, que não necessariamente estão circunscritos ao psiquismo. Tendo como norte as vivências automutilatórias de nossos pacientes, podemos nos questionar acerca das memórias sensoriais que envolvem essa prática. Nesse sentido, Roussillon

(2004) apresenta a hipótese de que toda comunicação de um ser humano adulto, ou já dotado de palavras, deve ser considerada em diferentes níveis e modalidades de organização, especialmente em um nível *pré-verbal* e em outro *pós-verbal*, que convivem lado a lado durante toda a vida.

Tanto em uma dimensão pré-verbal quanto em uma pós-verbal estão implícitos diferentes níveis de simbolização e inscrição psíquica, necessários para que essas formas possíveis de linguagem sejam adquiridas. Enquanto a simbolização linguageira (em ação no campo da comunicação pós-verbal) já teria sofrido um processo no qual a matéria bruta se transformou em símbolo, o primeiro tempo da simbolização diz respeito a experiências mais iniciais vividas pelo sujeito e que teriam sido registradas de formas diferenciadas.

Propondo uma discussão acerca das origens da linguagem verbal, Golse e Desjardins (2005) evocam os dois grandes registros clássicos no domínio da comunicação: a analógica e a digital. Enquanto a comunicação analógica, também chamada de infraverbal ou pré-verbal, é responsável por veicular, principalmente, emoções e afetos, transmitindo não verbalmente mensagens com conteúdos emocionais por meio de comportamentos não linguísticos (por mímicas, olhares e gestos); a comunicação digital diz respeito a conceitos, veiculando constructos mais globais mediante a transmissão verbal de mensagens com conteúdos conceituais ou ideativos, por comportamentos linguísticos (a própria fala, palavras, frases e locuções verbais).

Na mesma direção proposta por Roussillon, os autores Golse e Desjardins (2005) consideram que esses diferentes níveis e modalidades de comunicação não devem ser compreendidos hierarquicamente, no sentido de que um passaria a substituir o outro, mas que ambos se complementam após a aquisição da linguagem verbal. A ideia seria conjugarmos ambos os níveis com o intuito de acumular elementos diferentes que auxiliariam ainda mais a mensagem passada, aumentando as chances de compreensão pelo interlocutor. Levando em consideração as diferenças dos elementos infraverbais e linguísticos, podemos apostar na importância da singularidade de ambos os campos para que o sucesso do alcance da mensagem possa ser ainda maior.

No que concerne ao registro das experiências no psiquismo, Freud (1950[1896]/1996b), na *Carta 52*, descreve de maneira esquemática algumas formas de registro da memória, destacando quatro níveis de registro. No contexto do presente trabalho, nos interessamos em explorar os elementos Wz, os chamados índices de percepção, nos quais encontramos os primeiros registros perceptivos, que ainda não chegaram ao verbal. Esses seriam compreendidos como signos não ligados e não estariam, ainda, inscritos no sistema inconsciente. Eles adotariam a forma de índices ou marcas e, em última instância, darão lugar a uma memória da ordem das marcas e das impressões, e não de traços representativos. Diferentemente do traço, a impressão não pressupõe uma inscrição, configurando um tipo diferenciado de memória, mais próxima dos elementos sensoriais (Cidade & Zornig, 2016).

A partir desse esquema, diversos autores tornam equivalente o processo de simbolização à passagem das representações-coisa às representações-palavra. Mais recentemente, há um movimento que propõe ampliar a compreensão dos processos de simbolização, pondo a ênfase não apenas na passagem das representações-coisa às representações-palavra, mas incluindo também a transformação dos índices de percepção em representações-coisa. Baseado nesse movimento de ampliação, Roussillon (1999) divide os processos de simbolização em primários e secundários. As experiências próprias a um primeiro tempo de simbolização, o autor chamou de processos de simbolização primária, uma contribuição à psicanálise que surge como tentativa de ampliar teoricamente os alcances da teoria da simbolização e da representação.

Visando à construção do conceito, Roussillon (1999), baseado no esquema de memória apresentado por Freud na *Carta 52*, aponta que existem dois níveis de trabalho de simbolização ocorrendo entre os três registros mnêmicos: uma primeira transformação dos índices de percepção em representação-coisa; e uma segunda, das representações-coisa em representações-palavra. Os processos de simbolização demonstram como as diferentes experiências vividas pelo sujeito são registradas e evocadas – seja no corpo, seja no psiquismo, seja em ambos. Enquanto as experiências próprias aos processos de simbolização secundária teriam sido registradas também no psiquismo, as experiências próprias aos processos de simbolização primária teriam sido prioritariamente registradas, sobretudo, no corpo, como memória perceptiva.

Em seu artigo sobre as lembranças encobridoras, Freud (1899/1996c) aponta que as experiências vividas nos primeiros anos da infância deixam marcas indeléveis em nós, apesar de não conseguirmos ter acesso exato a elas. O autor se refere a essas experiências como "impressões precoces" e diz que esse efeito enigmático do que se passou é justamente o infantil que perdura em cada um de nós e que os vividos, não necessariamente deixarão uma imagem mnemônica guardada em nossa memória. Sendo assim, não seria o registro na dimensão do corpo que Freud estaria evocando nessa passagem?

Em *Moisés e o monoteísmo*, Freud (1939[1934-38]/1996d) retoma a noção de impressões precoces e ressalta que as primeiras experiências são as que mais nos marcam, aquelas que remontam a um tempo bastante inicial da infância. Dessas, só podemos guardar impressões, uma vez que nem sempre temos acesso ao aparelho de linguagem quando elas acontecem. Porém essas impressões podem ser bastante fortes e ficariam atreladas ao corpo próprio ou às percepções sensoriais vividas pelo sujeito, em especial àquelas de ordem visual e auditiva. Complementando, Fontes (2010) aponta que o conceito freudiano de impressões precoces diz respeito à receptividade do dispositivo pulsional e psíquico em relação ao que foi vivido, de forma que a impressão seria uma consequência direta da experiência vivida.

Após essa breve exposição teórica, podemos afirmar que as experiências vivenciadas muito no início deixam marcas em níveis diferentes daqueles da vida adulta, se inscrevendo em formato pré-verbal, da ordem do arcaico e do sensorial. Gostaríamos de sublinhar que essas produzem efeitos no desenvolvimento de todo sujeito, de modo que não se trata de experiências estanques, com começo, meio e fim, mas de formas de se relacionar e de estar no mundo que se encontram presentes ao longo de toda a vida.

Considerações finais

A importância atribuída ao corpo como local privilegiado de sofrimento traz um ponto de contato importante na psicanálise entre os fenômenos automutilatórios e o período da adolescência, momento de prevalência de aparição dessas práticas. Abordamos a relação existente entre as automutilações na adolescência e as diversas ressignificações próprias a esse momento da vida, no qual o corpo púbere e as novas correntes pulsionais vêm à tona e exigem árduo trabalho de mudanças. Dificuldades em lidar com os remanejamentos próprios da adolescência (corporais, psíquicos e sociais) podem se configurar como uma ameaça de perda da integridade narcísica mediante tantas transformações no processo de construção identitária. Diante desse cenário, encontramos a automutilação como uma saída radical de recurso ao corpo diante de um psiquismo que não dá conta do excesso pulsional que o invade, na tentativa de conter e de dar destinos a essa carga.

Todavia, se na adolescência encontramos uma exigência de trabalho psíquico com o intuito de ressignificar o corpo e o sexual que surgem com uma novidade, ressaltamos que as automutilações encontradas na adolescência também nos dão notícia de um sofrimento psíquico anterior a esse momento, mas que está sendo ressignificado junto com o trabalho da adolescência. Sublinhamos que fenômenos clínicos que passam pelo corpo ou pelo ato podem ser testemunhos de um arcaico ainda vivo e sempre atuante na vida psíquica dos sujeitos.

Dessa forma, as automutilações na adolescência também comportam uma dimensão arcaica, de vivências relacionadas a problemáticas narcísicas e à construção da subjetividade. Essa dimensão faz referência a períodos anteriores à aquisição de linguagem pela criança, quando a operação de diferenciação eu/não-eu está em pleno desenvolvimento. Apostamos na ideia de que os fenômenos automutilatórios, apesar de causarem dor e sofrimento, também constituem o sujeito, em sua maneira mais primitiva de ser; essas autoferidas sustentam algo de suas vivências iniciais, auxiliando-o a manter-se vivo, a sentir que existe e tem continuidade ao longo do tempo e do espaço. Essa aposta esteve na base da construção do presente trabalho como um todo, entremeando o diálogo entre os fenômenos de automutilação e o estudo da constituição psíquica.

Referências

André, J. (2008). O acontecimento e a temporalidade: o *après-coup* no tratamento. *Revista Psicanálise e Cultura*, *31*(47), 139-167.

Barrault, C. (2005). *L'adolescence à fleur de peau: se couper pour exister* [Tese de doutorado]. Université Henri Poincaré – Nancy I, Nancy, França.

Birraux, A. (2013). *L'adolescent face à son corps.* Paris: Albin Michel. (Trabalho original publicado em 1994).

Braconnier, A., & Golse, B. (2008). *Bébés-ados: crises et chuchotements.* Toulouse: Érès.

Cardoso, M. R. (2001). Adolescência e violência: uma questão de "fronteiras"? In M. R. Cardoso (Org.), *Adolescência: reflexões psicanalíticas* (pp. 41-53). Rio de Janeiro: Nau.

Cardoso, M. R. (Org.). (2006). *Adolescentes.* São Paulo: Escuta.

Cardoso, M. R. (2014). Dependência e adolescência: a recusa da diferença. *Ágora*, 17, 63-74.

Chouvier, B. (2008). L'acte symbolique: donner um corps au fantasme. In B. Chouvier, & R. Roussillon (Orgs.), *Corps, acte et symbolisation* (pp. 7-20). Bruxelles: De Boeck.

Ciccone, A. (2011). *La psychanalyse à l'épreuve du bébé.* Paris: Dunod.

Cidade, N. (2020). *A dimensão arcaica das automutilações: descontinuidades nos primórdios da vida* [Tese de doutorado]. Pontifícia Universidade Católica do Rio de Janeiro, Rio de Janeiro, RJ, Brasil.

Cidade, N., & Zornig, S. (2016). Trauma, temporalidade e inscrição psíquica. *Cadernos de Psicanálise – CPRJ*, *38*(35), 29-47.

Corcos, M., & Richard, B. (2006). L'émotion mutilée: approche psychanalytique des automutilations à l'adolescence. *La psychiatrie de l'enfant*, *2*(2),459-476. doi: https://doi.org/10.3917/psye.492.0459.

Dargent, F. (2010). Corps scarifié, adolescence marquée. *Revue française de psychosomatique*, *2*(38), 131-143.

Dargent, F., & Matha, C. (2011). *Blessures de l'adolescence*. Paris: PUF.

Demantova, A. G. (2017). *Escarificações na adolescência: corpo atacado, corpo marcado* [Dissertação de mestrado]. Universidade Federal do Rio de Janeiro, Rio de Janeiro, RJ, Brasil.

Favazza, A. (2011). *Bodies under siege: self-mutilation, nonsuicidal self-injury, and body modification in culture and psychiatry* (3ª ed.). Baltimore: Johns Hopkins University Press. (Trabalho original publicado em 1987).

Feldman, M. D. (1988). The challenge of self-mutilation: a review. *Comprehensive Psychiatry*, 29, 252-69.

Fontes, I. (2010). *Psicanálise do sensível: fundamentos e clínica*. São Paulo: Ideias & Letras.

Freud, S. (1996a). Além do princípio do prazer. In S. Freud, *Edição standard brasileira das obras psicológicas completas de Sigmund Freud* (J. Salomão, Trad., Vol. 18, pp. 12-75). Rio de Janeiro: Imago. (Trabalho original publicado em 1920).

Freud, S. (1996b). Carta 52. In S. Freud, *Edição standard brasileira das obras psicológicas completas de Sigmund Freud* (J. Salomão, Trad., Vol. 1, pp. 281-287). Rio de Janeiro: Imago. (Trabalho original escrito em 1896 e publicado em 1950).

Freud, S. (1996c). Lembranças encobridoras. In S. Freud, *Edição standard brasileira das obras psicológicas completas de Sigmund Freud* (J. Salomão, Trad., Vol. 3, pp. 285-304). Rio de Janeiro: Imago. (Trabalho original publicado em 1899).

Freud, S. (1996d). Moisés e o monoteísmo. In S. Freud, *Edição standard brasileira das obras psicológicas completas de Sigmund Freud* (J. Salomão, Trad., Vol. 23, pp. 15-150). Rio de Janeiro: Imago. (Trabalho original escrito entre 1934 e 1938 e publicado em 1939).

Freud, S. (1996e). O Ego e o Id. In S. Freud, *Edição standard brasileira das obras psicológicas completas de Sigmund Freud* (J. Salomão, Trad., Vol. 19, pp. 15-80). Rio de Janeiro: Imago. (Trabalho original publicado em 1923).

Freud, S. (1996f). Os instintos e suas vicissitudes. In S. Freud, *Edição standard brasileira das obras psicológicas completas de Sigmund Freud* (J. Salomão, Trad., Vol. 14, pp. 117-144). Rio de Janeiro: Imago. (Trabalho original publicado em 1915).

Freud, S. (1996g). Sobre o narcisismo: uma introdução. In S. Freud, *Edição standard brasileira das obras psicológicas completas de Sigmund Freud* (J. Salomão, Trad., Vol. 14, pp. 77-108). Rio de Janeiro: Imago. (Trabalho original publicado em 1914).

Gicquel, L., & Corcos, M. (2011). *Les automutilations à l'adolescence.* Paris: Dunod.

Giusti, J. S. (2013). *Automutilação: características clínicas e comparação com pacientes com transtorno obsessivo-compulsivo* [Tese de doutorado]. Universidade de São Paulo, São Paulo, SP, Brasil.

Golse, B., & Desjardins, V. (2005). Corpo, formas, movimentos e ritmo como precursores da emergência da intersubjetividade e da palavra no bebê (uma reflexão sobre os inícios da linguagem verbal). *Revista Latinoamericana de Psicopatologia Fundamental, 8*(1), 14-29.

Golse, B., & Roussillon, R. (2010). *La naissance de l'objet.* Paris: PUF.

Green, A. (1990). Après coup, l'archaïque. In A. Green, *La folie privée* (pp. 259-291). Paris: Gallimard. (Trabalho original publicado em 1982).

Konicheckis, A. (1999). Identité sensorielle chez le bébé et chez l'adolescent. *Adolescence*, 139-149.

Laplanche, J., & Pontalis, J.-B. (1970). *Vocabulário da psicanálise* (5ª ed.). São Paulo: Martins Fontes. (Trabalho original publicado em 1967).

Lorthiois, M. M. (1909). *De l'automutilation: mutilations et suicides étranges*. Paris: Vigot Frères.

Marty, F. (2007). À propos de la résistance narcissique à l'investissement de l'objet de l'adolescence. In A. Braconnier (Org.), *L'adolescence aujourd'hui* (pp. 43-49). Toulouse: Érès.

Marty, F. (2010). Adolescence et émotion, une affaire de corps. *Enfances & Psy*, *4*(49), 40-52. Recuperado de https://www.cairn.info/revue-enfances-et-psy-2010-4-page-40.htm.

Mayer, H. (2001). Passagem ao ato, clínica psicanalítica e contemporaneidade. In M. R. Cardoso (Org.), *Adolescência: reflexões psicanalíticas* (pp. 81-101). Rio de Janeiro: Nau.

Menninger, K. (1970). *Eros e tânatos: o homem contra si próprio*. São Paulo: Ibrasa. (Trabalho original publicado em 1938).

Moro, M. R. (2008). Narrativité et traumatisme. In A. Braconnier, & B. Golse (Orgs.), *Bébés ados:crises et chuchotements* (pp. 187-199). Toulouse: Érès.

Pao, P-N. (1969). The syndrome of delicate self-cutting. *British Journal of Medical Psychology*, 42, 195-206.

Pattison, E. M., & Kahan, J. (1983). The deliberate self-harm syndrome. *American Journal of Psychiatry*, *140*(7), 867-872.

Pommereau, X. (2006). Les violences cutanées auto-infligées à l'adolescence. *Enfances & Psy*, *3*(32), 58-71. doi: https://doi.org/10.3917/ep.032.0058.

Richard, B. (2005). Les comportements de scarification chez l'adolescent. *Neuropsychiatrie de l'enfance et de l'adolescence*, 53, 134-141.

Rosenthal, R. J., Rinzler, C., Wallsh, R., & Klausner, E. (1972). Wrist-cutting syndrome: the meaning of a gesture. *American Journal of Psychiatry*, *128*(11), 1363-1368.

Ross, R. R., & McKay, H. B. (1979). *Self-mutilation*. Lexington, MA: Lexington Books.

Roussillon, R. (1999). *Agonie, clivage et symbolisation*. Paris: PUF.

Roussillon, R. (2004). À l'écoute du bébé dans l'adulte. *Exploration en psychanalyse*. Recuperado de https://reneroussillon.com/symbolisation/48-2/.

Roussillon, R. (2007). Le Moi-peau et la réflexivité. In C. Chabert, D. Cupa, R. Kaës, & R. Roussillon (Orgs.), *Didier Anzieu: le Moi-peau et la psychanalyse des limites* (pp. 89-102). Toulouse: Érès. (Trabalho original publicado em 2007).

Roussillon, R. (2008). Corps et actes messagers. In B. Chouvier, & R. Roussillon (Orgs.), *Corps, acte et symbolisation* (pp. 23-37). Bruxelles: De Boeck.

Roussillon, R. (2010a). La perte du potentiel. perdre ce qui n'a pas eu lieu. In A. Braconnier, & B. Golse (Orgs.), *Dépression du bébé, dépression de l'adolescent* (pp. 251-264). Toulouse: Érès.

Roussillon, R. (2010b). La psychanalyse à l'écoute de l'histoire archaïque et la communication non verbale. In B. Cramer, S. Eliez, & B. Solca (Orgs.), *Des psychanalystes en pédopsychiatrie* (pp. 96-117). Paris: PUF.

Roussillon, R. (2011). *Primitive agony and symbolization*. Londres: Karnac.

Savietto, B. (2007). Passagem ao ato e adolescência contemporânea: pais "desmapeados", filhos desamparados. *Revista Latinoamericana de Psicopatologia Fundamental, 10*(3),438-453.

Scaramozzino, S. (2004). Pour une approche psychiatrique de l'automutilation: implications nosographiques. *Champ Psy, 4*(36), 25-38. doi: https://doi.org/10.3917/cpsy.036.0025.

Suyemoto, K. L., & MacDonald, M. L. (1995). Self-cutting in female adolescents. *Psychotherapy: Theory, Research, Practice, Training, 32*(1), 162-171. doi: https://doi.org/10.1037/0033-3204.32.1.162.

Parte III

O extremo na clínica

9. Clínica do sexual extremo[1]

Vincent Estellon
Tradução: Pedro Henrique Bernardes Rondon (Abepps)

Não há melhor recurso para alguém se familiarizar com a morte do que associá-la a uma ideia de libertinagem.

Bataille (1957/1985)

Nas situações extremas, as sensações do corpo tomam a frente da cena: na maior parte do tempo, a palavra já não é possível. Já não há palavras, já não há vozes, como se a própria respiração ficasse suspensa para sobreviver. O extremo convoca a ideia de limite do limite, de um derradeiro limite antes da ruptura, além da qual o sujeito não pudesse sobreviver. O paradigma das situações extremas (guerra, terrorismo, abalo sísmico, catástrofes naturais) nos ajuda a conceber de que maneira o humano, exposto ao perigo de morte, vai tentar encontrar um refúgio de sobrevivência. É interessante exatamente imaginar como a unidade da personalidade,

1 Conferência ministrada (por via remota) no Colóquio Internacional: "A dimensão do extremo na vida subjetiva" – promovido pelo Programa de Pós-graduação em Teoria Psicanalítica da UFRJ e pelo Programa de Pós-graduação em Psicologia Clínica da PUC-Rio em 3 de dezembro de 2021.

defrontada com o sentimento de desamparo, é levada a se dilacerar para sobreviver à angústia de aniquilamento. Para sobreviver, o sujeito se cliva: refugia-se numa parte enterrada de sua personalidade, como o soldado, exposto à tempestade de obuses, iria encontrar refúgio num *bunker*. Uma parte da personalidade, à espreita, fica na superfície, buscando coordenar sua tática em adaptação ao ambiente assustador; a outra parte, aterrorizada, prende a respiração no fundo do *bunker*. Ficamos a imaginar como essas duas partes se acostumam a viver afastadas uma da outra, com o imperativo de sobreviver, de modo que, para não serem desmascaradas, os canais de comunicação entre uma e outra sejam condenados ou então codificados de tal maneira que as mensagens sejam extremamente difíceis de decifrar. Ao mesmo tempo que a parte superficial adaptativa protege a parte secreta, as duas partes se separam subjetivamente uma da outra. Enquanto uma treme e morre, a outra finge nada sentir. A ferida subjetiva é consumada. Para René Roussillon (1999) essa retirada de si mesmo para sobreviver constitui um mecanismo de defesa paradoxal que se encontra nas situações-limite e extremas da identidade. Essa lógica paradoxal permite inverter (virando pelo avesso) a passividade em atividade. Tal lógica narcísica permite confundir melancolicamente o sujeito e o objeto.

Dessa maneira, é melhor desinvestir no outro do que correr o risco de se fazer abandonar; melhor organizar as condições de sobrevinda de um vazio psíquico do que ser exposto passivamente às angústias do vazio. Antecipando-se à sua ameaça de destruição, o sujeito se protege.

Não é difícil de compreender de que maneira esse tipo de lógica se articula a numerosos comportamentos de tipo ordálio, em que o que está em jogo é confrontar-se com a morte para escapar do sentimento de agonia interior. Despedir-se de si mesmo; buscar se apagar e provar para si mesmo que é possível voltar numa forma de onipotência.

Há uns dez anos existe na França, nas grandes metrópoles, mas também nas diversas regiões, uma nova prática sexual que pouco a pouco se foi instalando entre os homens gays jovens: o *Chemsex* (sexo químico). Homens se encontram para uma orgia que pode durar um ou dois dias seguidos, graças ao emprego de substâncias psicoativas que prolongam e intensificam as sensações sexuais.

Uma breve apresentação farmacológica é indispensável para que se possa apreender melhor o que está em jogo no fenômeno. Dentre esses novos produtos sintéticos, o 3MMC se impõe. Da família das Catinonas, alcaloide simpaticomimético derivado das folhas de Khat (*Catha edulis*), cujos efeitos se aproximam dos das anfetaminas e da cocaína: efeitos de prazer intenso, de bem-estar, de euforia, de embriaguez, vertigem, desinibição, exacerbação dos sentidos com inibição das sensações de fome, de dor, de cansaço; aos quais se acrescentam os efeitos extremamente poderosos de proximidade e comunhão emocional, de empatia com o outro. Além do 3MMC, é frequente que haja GHB ou GBL (a "droga do estupro". Cabe aqui a pergunta: quem estupra quem?), metanfetamina (chamada *Crystal Meth*, Tina, a droga do *Breaking Bad*), cocaína, quetamina, *poppers* (nitritos) e medicamentos eréteis (Viagra, Cialis, ou absorvidos por via oral ou injetados diretamente nos corpos cavernosos do pênis). *A Tina é a droga mais forte.*[2] Determinados produtos em geral são ingeridos por aspiração (3MMC, 4MEC, cocaína, nitritos), outros são fumados (*Crystal Meth*, Tina, cocaína dentro do cigarro) ou injetados (mefedronas, 4MMC, MDPV)... fala-se então de *slam* (bater violentamente). Mais frequentemente aspirada (cheirada), a 3MMC sobe de maneira bem rápida (entre três e dez minutos para produzir os efeitos procurados, que se estendem por duas a quatro horas). Injetadas, os efeitos das mefedronas são quase imediatos (alguns segundos após a injeção). O *slam* constitui uma modalidade mais marginal,

2 Grifo do autor.

associada a práticas *hard*. Essas drogas se caracterizam igualmente por seu poder de *craving* [fissura] potencializado: a necessidade irreprimível de tomar mais é tão intensa que é frequente que conduzam à adicção grave, mas também aos riscos da *overdose*, especialmente com o GHB. Sendo de fácil acesso, entregues em domicílio quando encomendadas pela internet – e não muito dispendiosas –, essas substâncias conhecem sucesso cada vez maior entre os jovens.

Se a orgia não é uma prática verdadeiramente nova na história dos lugares de encontro específicos à homossexualidade masculina, o que muda aqui diz respeito não somente à duração das *performances* corporais, mas especialmente à intencionalidade. Se a orgia durante muito tempo pôde ser uma contingência do ambiente festivo frequentado pelos gays, com o *chemsex* tornou-se uma atividade planejada no emprego do tempo. Tais maratonas sexuais muitas vezes têm lugar nos fins de semanas para o sujeito se entregar completamente, para se desfazer da identidade social, familiar e profissional. Poderíamos compará-las às *rave parties,* só que aqui o transe frenético, de preferência a ser buscado dançando na música *tecno*, é encontrado na resistência sexual dos corpos. Como nas *raves*, os produtos consumidos empatogênicos e entactogênicos aumentam a sensação de prazer, e o sentimento de proximidade. No plano relacional, os consumidores descrevem as delícias dessa empatia sincera (e, no entanto, artificial), mas especialmente de um estado fusional com os parceiros sexuais. O fato de que essas orgias dionisíacas frequentemente sejam organizadas por homens de categorias socioprofissionais superiores permite entrever a ligação entre a embriaguez do poder e a embriaguez libidinal. A participação nesses grupos é submetida a *critérios de inclusão*: juventude, aparência física atlética, estar sob proteção química contra a infecção por HIV – a aceitação de relações não protegidas –, possuir um *smartphone* com aplicativo de encontros, compartilhar o consumo dessas drogas. Se esses "planejamentos *chem*" hoje fazem parte da paisagem comum no ambiente da vida sexual do jovem gay, destacamos brevemente o paradoxo de uma prática microssocial que agrega à mesma medida em que isola. Se *nesses microgrupos, sob o efeito das drogas, todo mundo acredita que se ama e se deseja, onde vai parar o ódio?*

Marc, de 28 anos, busca atendimento após ter perdido seu emprego por causa do *chemsex*. Apresenta-se como um "doente sexual". Sessões inteiras ele fala das noites sem sono em que se lhe impõe a compulsão de encontrar sexo. O sexo se tornou seu inferno e sua salvação. É frequente que os pormenores sejam crus, pornográficos, e põem em dificuldade o caráter flutuante da minha atenção. Os detalhes superexpostos dessa narratividade pornográfica me dão a impressão de que ele deseja me fazer ver alguma coisa, no lugar de uma cena traumática que ele não poderia abordar senão por meio de imagens ou de sensações. É um corpo desnudado que ele expõe aqui não à auscultação do médico, mas à escuta do psicanalista. Fico pensando numa queixa melancólica ou hipocondríaca, essa queixa em que o sujeito se expõe na anulação do pudor ou de uma vergonha. Aqui os órgãos pornográficos parecem tomar o lugar dos órgãos hipocondríacos. Se nesses momentos ele diz estar buscando o "quente", pelo meu lado escuto algo frio, inerte, em perigo de morte, que seria necessário conduzir imediatamente à sala de reanimação.

Nessas sessões em que é frequente a prática de *fist-fucking*, parece que seu pênis é desqualificado em prol de uma pré-genitalidade organizada em torno do eixo autoerótico boca-ânus, que me remete na transferência a imagens muito arcaicas. Um extrato do *Diário Sexual* de Arthur Dreyfus ilustra essa ideia:

> *Uma coisa que a droga faz: transformar todo objeto de desejo [na ocorrência, os rapazes] em corpos desprovidos de inteligência, de identidade, de personalidade. Só ver no outro a potencialidade sexual que ele pode proporcionar – o vazio que ele pode preencher (Dreyfus, 2021, p. 1.620).*

> *A sede de esperma sempre transmuta o rapaz que é chupado em mãe nutridora. Nesses momentos muito arcaicos de contatos pele a pele, de partilha de calor e de pulsação de corpos, as sensações vêm tomar o lugar dos afetos (Dreyfus, 2021, p. 1.697).*

Em contraste com seu uniforme de executivo, de sessão em sessão Marc me faz reencontrar seu bebê pornográfico. Se se apresenta como intoxicado pela sexualidade, podemos perguntar-nos se sua bateria de comportamentos compulsivos não está desesperadamente procurando reanimar uma sexualidade agonizante. Repentinamente seu corpo procura estar excitado, preenchido, esvaziado, transbordado, rebaixado, emporcalhado, humilhado. Quando a angústia de "perder o sexo" – contrainvestida pela obsessão de encontrar o sexo – o invade, as *orgias chemsex* são concebidas como sistemas hospitalares de urgência onde médicos parceiros estão à disposição para auscultar, tocar, oferecer cuidados a esse corpo que está em agonia sexual. Se a *angústia pelo sexo não espera*, esses curiosos serviços de urgência se caracterizam pelo fato de que estão abertos praticamente sempre. Os *planos chem* lhe proporcionam a oportunidade de reencontrar suas bordas na massa de corpos enredados, como se essa prova lhe permitisse voltar a se concentrar sensorialmente. Assombrado pela representação da agonia de sua sexualidade, Marc, à semelhança de um hipocondríaco, perscruta as mínimas sensações que lhe dariam a prova irrefutável de que sua sexualidade, hora após hora, ainda está viva. Patologia da solidão, patologia da confiança no outro, o que será que acontece quando a loucura hipocondríaca coloniza os orifícios para vir ocupar o centro da cena de toda a sensorialidade somática? Aqui o hipocondríaco sexual, como se fosse um espião, um vigia, uma testemunha de si mesmo, compara, examina, estuda os mínimos sinais provenientes de suas próprias zonas erógenas demandando cuidado urgente. Porque, nessa autoavaliação permanente, intrusiva, implacável, encontraríamos uma forma paradoxal de demanda de ternura do corpo por si mesmo. Para Marc, é preciso verificar compulsivamente se ainda há algum "sumo" nessa máquina de sexo. Para inverter as observações de Busch citadas por Freud em 1914, "a alma inteira se retrai" aqui não à volta do estreito orifício do molar, mas em torno de uma dor sexual obsedante, invasiva, lancinante, como uma "fúria de sexo" em que, quando sobrevém essa excitação furiosa, perde-se o controle de tudo; ele se vê nessa "fúria de sexo", febre de vida, nessa embriaguez do desespero que o arranca da agonia.

No plano metapsicológico, o *chemsex* leva a refletir acerca das diferentes máscaras da pulsão de morte. Isso desde os trabalhos de George Bataille (1957/1985) sobre os estreitos vínculos entre o erotismo e a morte, desde as hipóteses de Jean Laplanche (2007) sobre as pulsões sexuais de morte, até as de Monique Schneider (2002) acerca da assimilação do prazer a um processo de extinção de si mesmo. No nível psicopatológico, poderíamos conceber a ideia de uma "descompensação sexual" da mesma forma como podemos falar de uma descompensação depressiva ou maníaca? Nessas sessões sexuais de 48 horas, Marc aposta também sua vida. Se tudo pode mudar radicalmente e a própria vida pode ser perdida (*overdoses,* hemorragias), podemos escutar o quanto esses momentos abordam alguma coisa do ordálio. O ordálio (*or deal*,[3] ou compartilhamento) é um procedimento derradeiro ao qual se recorre quando nenhuma outra possibilidade de transação é possível. Essa prova mortal convida a devolver sentido a uma existência da qual o sujeito já desapareceu. (Dessubjetivado, objeto de suas compulsões, escravo de sua paixão, o sujeito já se coloca numa postura de objeto.) Fantasticamente, se ele não morrer, é porque é mais forte do que a morte. O *chemsex* lhe permite viver entre as mãos do destino, com esse pensamento mágico segundo o qual, se ele sai dessa é porque as instâncias superiores, supra-humanas (ou talvez os seus mortos?) o protegem.

Entregar-se às forças superiores pode ser escutado como uma maneira regressiva de conservar um lugar de criança que obedece ao destino que os pais tinham previsto para ela. Vai-se ser recompensado (ganhar a sorte grande) ou vai-se ser castigado (ser ferido, ter uma *overdose*, ser infectado por uma DST, morrer)? O ordálio permite que ele se exponha à morte para triunfar sobre ela. Se eu sobrevivo é porque – finalmente – tenho a oportunidade: as potências superiores estão do meu lado, talvez tenham se dado conta de que sou alguém do bem. Paradoxalmente, o ordálio pode ser concebido como um comportamento adaptativo: nesses momentos em que se sente entregue à agonia, o sujeito joga sua vida para se sentir bem vivo e não afundar na loucura do vazio. Escutando Marc, concebo como o *chemsex* constitui um refúgio paradoxal de segurança quando Eros ameaça sufocá-lo, fazê-lo perder o desejo, literalmente *perder o sexo*. Quando acontece de se apaixonar, Marc fica aterrorizado. Em 1954 Lacan (1954/1975, p. 172) escrevia: "Todos estamos de acordo quanto a que o amor é uma forma de suicídio". À semelhança da lógica das pulsões anarquistas estilizadas por Nathalie Zaltzmann, os planos *chem,* ao convocar Tanatos, proporcionam a Marc uma via de liberação paradoxalmente revitalizante.

3 Ou acordo, em inglês no original [N. T.].

Conforme Freud lembra (1929/1981, p. 28) no *Mal-estar na civilização*: "Nunca estamos tão desprotegidos contra o sofrimento como quando amamos. Nunca mais irremediavelmente infelizes do que se perdemos a pessoa amada e seu amor". Por quê? Porque, se o amor é a principal técnica que conduz à felicidade, o homem se prepara para sofrer uma vez que, amando um objeto, dá a esse objeto o poder de fazê-lo sofrer. O amor, como a loucura, pode matar. Amar é, de algum modo, dar à pessoa que se ama o poder de matá-lo. Aqui se escuta melhor a ideia de suicídio (Lacan) ou a do crime, desenvolvida por Jean-Claude Lavie (1997/2002) em seu trabalho *O amor é um crime perfeito*: "E a que é que a gente se expõe quando ama? Ao pior, evidentemente! Tanto do outro como de si mesmo"; "O que é que querem da gente quando nos dizem: 'Eu te amo'". A declaração mal declara aquilo que declara. Nem mesmo se se trata da oferta ou da demanda. Então, às vezes, de preferência a amar e ser amado, no plano manifesto consciente, gozar é mais agradável e menos dispendioso. Para Marc, parece que o *chemsex* lhe permite lavar-se do amor, "purificar-se na imundície", como se fosse preciso purgar-se ou punir-se por amar e ser amado. No lugar do material para praticar os esportes radicais, Marc chega aos seus planos armado de produtos (3MMC, GHB. Nitritos, Viagra, gel específico para o *Fist* [punho], drogas, Viagra, brinquedos e outros utensílios...). Trata-se também de procurar um limite. Na hora em que se pode mudar de cor de pele, mudar de sexo, tornar-se pai quando se é celibatário ou homossexual, onde é que vai se alojar a castração, a não ser na impossibilidade de parar o curso do tempo que passa? O Narciso de Caravaggio expõe no reflexo não o jovem, mas sim um velho. Além do conteúdo sexual dessas orgias químicas, parece que um dos objetivos latentes diz respeito à construção de uma cápsula espaçotemporal, no lugar de uma cápsula autística que permitisse a ilusão de viver essas experiências do gozo fora do tempo. As descrições de Marc evocam esses estados em que é preciso atingir um ponto de ruptura para se aproximar de um ponto de reencontro. Como se fosse preciso encontrar a paz na sua própria perda, não numa vontade ou em um desejo de perder, mas numa vontade de perder a si mesmo para se sentir vivo, de morrer para sobreviver... Matar-se e renascer numa fantasia de autoengendramento igualmente maníaco e melancólico. Uma fantasia de autoengendramento que anula exatamente uma cena bem desconcertante para muitos humanos. Uma cena primária que é preciso recriar e reencontrar muito estranhamente na multiplicação compulsiva das atuações sexuais dessubjetivadas e dessubjetivantes. Em seu discurso, seus vividos confusos com frequência são contrainvestidos por meio de um acoplamento à sensorialidade perceptiva e especialmente a uma forma de compulsão de ver. Quando ele fala na sessão, a maior parte de suas frases termina por esta interrogação, quase sem a endereçar: "Está vendo?". Ocorre-me responder: "não". A maior parte das interpretações (metafóricas) não leva a nada. No entanto, escuto, na sua escolha de palavras, significantes portadores: "*fisté*", "*fils t'es, fils tué, fils tu es*".[4] Quanto ao termo "fisteur", basta, como num jogo de palavras cruzadas, acrescentar a letra "u" para chegar a "*fils tueur*" ["filho assassino"]. Aliás, seu pai não o chamava "*fiston*" [filhote]? Oferecer-se como coisa sexual a um outro, como um envoltório a preencher, um pacote a se remexer dentro como para ver o que contém, aniquila algo próprio à proteção fantasmática. O que será que essa mão envolta numa luva cirúrgica vem procurar no cerne das entranhas? Certo dia, eu lhe lanço: "o que será que é preciso ir buscar no fundo?". Se suas palavras descrevem o *fist-fucking* como uma doce carícia interior, eu me pergunto: e o que é feito do ódio? Não me tinha dito um dia que, "no fundo, para que eu me sentisse

4 *Fisté* é um neologismo que significa "submetido a *fist fuck*". A língua francesa admite, por homofonia, as outras expressões que são "filho és", "filho assassinado" e "filho tu és" [N. T.].

bem seria preciso ficar em perfusão de sexo" – sem escutar de passagem o significante "*père-fusion*" [fusão com o pai]. Essa fórmula ecoava uma quantidade de outras fórmulas que ele dizia e não escutava, como: "*niquer* [foder] isso me dá a possibilidade de *ne pas paniquer* [não entrar em pânico]". Pergunto: como é que se escreve "*papa niqué*" [papai fodido]?

Um dia Marc começou a rir durante a sessão e eu questiono para saber o que lhe estava ocorrendo; ele diz: "Oh não, apesar de tudo eu não posso lhe dizer, fico com um pouco de vergonha; mas se é preciso dizer tudo: pois bem é o seguinte, diria que você engordou um pouco; eu imaginava você deitado em cima da sua mesa, com o cu para cima. E eu me perguntava se ia poder te *fister* [enfiar o punho inteiro]. Imaginando a cena, acho isso ao mesmo tempo cômico e constrangedor, porque tenho a impressão de que, ao dizer isso, estou te insultando". Surpreendido pelo conteúdo desse pensamento, impactado pela imaginação dessa cena, mergulho num silêncio introspectivo que ele interpreta como um silêncio hostil; diz que lamenta, diz que foi longe demais, ultrapassou todos os limites... Fico surpreendido e o interrompo para dizer ternamente: "Não, é muito importante para você que eu lhe assegure que consigo acolher em mim suas partes que são tão importantes para você".

Dessa vez, ele se interrompe, diz que não compreendeu onde pretendo chegar. Pela primeira vez, instala-se entre nós um longo silêncio. Um silêncio novo que interrompe o ruído da queixa, deixando-o numa espécie de introspecção. Como se finalmente o acolhimento de sua queixa em alguma coisa da minha presença física viesse tirá-lo do círculo vicioso de uma palavra que escuta o ruído que produz sobre si mesma. Conforme Fédida lembra,

> *A transferência abre para o anacronismo. É o anacronismo de um passado que no presente é reminiscência. Do mesmo modo, para aquele que no presente sonha*

> *a crença naquilo que vive, a transferência se dá por meio de uma memória particularmente estranha que seria esquecida: uma memória sem visada intencional quanto aos acontecimentos do passado do modo como esses seriam rememoráveis – talvez para proteger contra o passado anacrônico –, mas se trata de uma memória que pertenceria à linguagem por meio de sua palavra (Fédida, 1999/2014, p. 238).*

O que me chamou a atenção do ponto de vista dos indicadores de uma forma de reconquista da liberdade em Marc não diz respeito tanto às suas condutas sexuais, mas é especialmente a descoberta da amizade. Ele, que não abria seu apartamento para ninguém, alguns meses depois hospeda em sua casa um amigo de infância. Tem prazer em reencontrá-lo, em falar com ele antes de ir se deitar; compartilha sua cama – mesmo que, como ele diz, "não tem nada de sexual, de jeito nenhum".

Referências

Bataille, G. (1985). *L'érotisme*. Paris: Minuit. (Trabalho original publicado em 1957).

Dreyfus, A. (2021). Journal sexuel d'un garçon d'aujourd'hui. Paris: P. O. L.

Fédida, P. (2014). La mémoire du transfert, le transport des âmes. In P. Fédida, *Ouvrir la parole*. Paris: MJW. (Trabalho original publicado em 1999).

Freud, S. (1981). Pour introduire le narcissisme. In: *La vie sexuelle*. Paris: PUF. (Trabalho original publicado em 1914).

Freud, S. (1981). *Malaise dans la civilisation* (8ª ed.). Paris: PUF. (Trabalho original publicado em 1929).

Lacan, J. (1975). *Le séminaire, Livre I, Les écrits techniques de Freud.* Paris: Seuil. (Trabalho original publicado em 1954).

Laplanche, J. (2007). *Sexual.*Paris: PUF ("Quadridge").

Lavie, J.-C. (2002). *L'amour est un crime parfait*. Paris: Gallimard. (Trabalho original publicado em 1997).

Roussillon, R. (1999). *Agonie, clivage et symbolization,* Paris, PUF.

Schneider, M. (2002). La pulsion de mort et la différence sexuelle. *Analyse Freudienne Presse*, 6(2), 29-40. doi: https://doi.org/10.3917/afp.006.40.

10. A radicalidade da experiência psicótica

Flávio Ferraz

Prólogo

Marta Rezende Cardoso me convida a escrever um capítulo numa coletânea que trata dos extremos. O convite vem assim, sem maiores detalhamentos, o que me coloca de imediato num trabalho de elaboração psíquica, indagando-me de que extremos poderia eu tratar. Extremos que, pela natureza da provocação, julguei serem aqueles da experiência psíquica dos sujeitos, testemunhados pelo analista em sua clínica. Uma série de situações extremas então me surgiram em mente: a proximidade da morte, a privação da liberdade, a tortura, as perdas e lutos insuportáveis, a dor, a doença, a injustiça, o preconceito... Tantas situações terríveis das quais os analistas, por ofício, podemos falar... Procurei então em minha memória o que de mais autêntico eu poderia trazer da minha clínica, e o que se me impôs espontaneamente foi a experiência da psicose. Entre tantas modalidades de sofrimento em que se lançam os sujeitos, era a velha e tão tematizada experiência da psicose que se assomava em minha mente como exemplar mais legítimo do que se poderia chamar de *extremo da experiência*.

Não é incomum que, nos escritos psicanalíticos, nos refiramos à psicose e sua metapsicologia, teorizando sobre sua diferença ou mesmo sobre sua interface com outras modalidades de padecimento psíquico. Pensei que, muitas vezes, o fazemos friamente, como recurso teórico a nos servir de contraponto ou apoio para o discurso sobre a neurose e a perversão ou sobre a constituição do sujeito e os acidentes do complexo de Édipo. Mas foi dessa abordagem que desejei imediatamente escapar, uma vez que pensar a experiência psicótica no rol das experiências do extremo para o ser humano teria que ser, necessariamente, abordá-la pela via – com o perdão da repetição – da *experiência* mesma dos sujeitos. Experiência radical, modo de funcionamento que lança o psicótico para longe da segurança de ser (*insegurança ontológica*, numa feliz expressão de Laing, 1978), que o analista testemunha na clínica de pacientes que lhe exigem a dura e profunda imersão no universo mais bem definido pela palavra *loucura*. O contato mais profundo do analista com a experiência do psicótico exige-lhe uma entrega excepcional. É seu aparato psíquico que se empresta a essa aventura estonteante, ou seja, para além da teoria necessária que o sustenta, é seu próprio ser – mente e corpo – que se deixa tomar pelo clima emocional do encontro.

Foi assim que resolvi falar aqui dessa modalidade do extremo na vida psíquica, decidido a trazer fragmentos de vivência e de pensamentos que traduzissem o que pude até hoje presenciar na clínica psicanalítica com pacientes psicóticos. Claro que, como exigência óbvia que faz com que nossa abordagem não seja ingênua, mas sim balizada pela teoria prévia e, ao mesmo tempo, exigindo-nos sua expansão, partirei de fragmentos de experiência em busca também de algum *insight* teórico que nos venha acudir. E, a título de antecipação conclusiva – à guisa de sumário que se antepõe às publicações científicas –, eu afirmaria que a radicalidade da experiência psicótica resulta não apenas do famigerado desligamento da realidade exterior (retirada da libido dos objetos etc.). Decorre do fato de que a foraclusão, ao abolir o outro e sua representação, paradoxalmente lança o sujeito à sensação de parasitação por esse outro que se abole. Conforme a velha fórmula a que tanto se recorre, o que é abolido do lado de dentro retorna do lado de fora. É esse retorno a partir de fora que faz do psicótico alguém atravessado indefensavelmente pelo outro. Como veremos, o próprio inconsciente pode ser deduzido por essa presença do outro, como parece querer Lacan (1955-56/1985) nos ensinar no seminário sobre a psicose.

Vamos a algumas vinhetas de experiências clínicas.

Algumas situações clínicas

Trago aqui quatro situações que presenciei, esclarecendo desde já que não se trata, todas elas, de ocorrências em atendimento de pacientes psicóticos. Para pensar depois na essência do que seria a experiência psicótica, pode ser de grande valia examinar e refletir sobre fragmentos da clínica de neuróticos e de crianças e, até mesmo, de exemplos colhidos na observação da "psicopatologia" da vida cotidiana. A foraclusão, que (des)organiza a vida mental do psicótico, não é estranha aos primórdios da vida psíquica. Aliás, muito pelo contrário. Nem tampouco tem seus vestígios apagados em formações psíquicas que julgamos pertencer à estrutura neurótica. Se não, vejamos:

1. Conta-me a mãe de Felipe, um menino de 4 anos que apresentava dificuldade no controle esfincteriano, que, vendo o filho repentinamente urinar na calça, lamenta: "Puxa vida, você está de novo fazendo xixi na calça! Eu não disse que, quando você estivesse com vontade de fazer xixi, era para correr para o peniquinho?". Ao que a criança responde,

meio brava, em defesa própria: "Mas, também, ninguém me avisou, né?". Guardemos por ora essa constatação, que nos será importante na discussão: Felipe quis dizer que *a mãe não o informara que ele próprio estava com vontade de fazer xixi.*

2. Tiago, de 6 anos, leva um pacote de bolachas à sessão. Deixa-o num canto e se põe a brincar, como de costume. Num determinado momento, lembra-se de que a bolacha está ali e passa a olhar fixamente para o pacote, cessando a atividade que vinha fazendo até então. Eu faço um comentário simples e óbvio, do tipo: "Você está olhando para suas bolachas...". Ele então me responde: "Sim! Você quer que eu coma uma?".

3. Joaquim é um moço de quase 30 anos, que busca se afirmar na mesma profissão de seu pai. Isso lhe traz segurança, por poder receber indicações do pai para trabalhos menores, que ele, o pai, já não tem condições de pegar. Ao mesmo tempo, traz-lhe insegurança, por se sentir sempre inferior ao pai e se perguntar, obsessivamente, se este estaria aprovando cada trabalho que faz. Numa sessão ele me conta, empolgado, que recebera uma encomenda, de uma fonte não ligada diretamente ao pai, para um trabalho de porte maior do que estava, até então, acostumado a fazer. E emenda: "Assim que recebi a proposta, fui correndo ao escritório do meu pai para lhe perguntar se eu *queria* pegar o trabalho". Claro que, em se tratando de um paciente neurótico, inteligente, bem-humorado, com uma análise já avançada, bastou que eu repetisse o que ele dissera para que nos puséssemos a rir do belo ato falho que acabara de cometer. Ato falho que nos serviria, por um bom tempo, de paradigma para, num vocabulário idiopático daquela

análise, referirmo-nos simbolicamente ao eixo de seu temor edípico pelo pai.

4. Manoel, um médico de 40 anos, com diagnóstico psiquiátrico de esquizofrenia desde os 24, chega transtornado à sessão e me diz: "Hoje eles não estão me dando sossego. Esse monte de diabinhos enfileirados aqui em cima (mostra com a mão o espaço à frente e acima de sua cabeça) não param de tirar sarro de mim. Falam muito alto e sem parar, rindo de mim, e não me deixam prestar atenção em mais nada. Estou exausto". E me pergunta se estou ouvindo a barulheira. Respondo que não, mas que posso acreditar que ele esteja muito incomodado com o barulho que ouve. Ele então me solicita: "Mesmo você não ouvindo, você pode pedir para eles pararem de falar? Porque, a mim, eles não obedecem. Mas você eles vão respeitar. Por favor, peça. Mesmo você não os ouvindo, eu sei que eles ouvem você". Então eu peço silêncio, e os diabinhos realmente se calam. Mas Manoel me diz que teme pelo momento posterior à sessão, pois os diabinhos poderão se vingar pelo fato de ele ter recorrido a mim, e, sem minha autoridade para fazê-los calarem-se, poderão perturbá-lo em dobro, como retaliação.

   Manoel tinha surtos psicóticos esporadicamente. Começavam invariavelmente com a alucinação auditiva de falas reprovadoras da mãe, falecida quando ele se formou na faculdade. Em geral as vozes provinham do lustre de sua casa. Ela o acusava de homossexual e dizia saber conhecer seus desejos e saber sobre sua vida sexual, o que o deixava atemorizado e exasperado.

A essas quatro situações quero agregar outras três, duas delas bem conhecidas na pena de Freud, e uma terceira retirada do filme *Estamira* (Prado, 2004). Referir-me-ei muito rapidamente a essas passagens, apenas como lembrança de fenômenos bastante conhecidos, seja na literatura, seja na experiência do contato com pacientes psicóticos.

5. Na terceira seção do artigo "Novos comentários sobre as neuropsicoses de defesa", que trata do fenômeno da paranoia, Freud (1896/1980c) conta do caso de *Frau* P., que, num determinado momento de sua vida, desenvolve uma alucinação. Primeiro, sente que seus vizinhos passam a tratá-la de modo grosseiro e sem consideração. Logo mais, passa a ter alucinações auditivas: "começou a ser importunada por vozes que não reconhecia nem podia explicar. Quando na rua, elas diziam: 'Esta é a *Frau* P. Lá vai ela! Onde estará indo?'" (Freud, 1896/1980c, p. 202). O que queria dizer, de acordo com sua interpretação, que estavam a dizer que ela, uma mulher casada, estava se dirigindo a algum encontro erótico. E que, portanto, estava sendo acusada de adultério.

6. No caso de Schreber (Freud, 1911/1980b), além do delírio interpretativo com o qual procura aplacar e subjugar as fantasias homossexuais inconscientes que o assaltam, há alucinações auditivas acusadoras. Deus o escolhe para todo tipo de provação, emasculando-o, degradando seu corpo e o transformando em sua mulher. Mas tamanha humilhação se transforma, dentro do sistema delirante interpretativo, na glória maior de ser a própria mulher de Deus e, assim, por este copulado, dar origem a uma humanidade melhor. Mas, durante sua provação, vozes o acusam e humilham: "Diacho de sujeito! O diabo o leve!"; ou lhe dirigem perguntas vexatórias "Por que você não c..a?" (Freud, 1911/1980b, p. 54).

O médico Flechsig, por quem Schreber se afeiçoara quando foi por ele tratado, passa a ser sentido como perseguidor. A cadeia de deslocamentos liga então Flechsig a Deus, também perseguidor, alinhando-se inconscientemente à figura do pai severo e repressor. A perseguição a que estava exposto foi definida por Schreber como nada menos do que tentativas de *assassinato de sua alma*.

7. Estamira, personagem real do documentário que a retrata, costuma, de forma súbita e repentina, ser interrompida em seu pensamento e em seu discurso por uma percepção que ela própria – com muita acuidade, eu diria – nomeou de "controle remoto". Ela está conversando com o interlocutor quando, num instante, para tudo e diz: "Deu o *controle remoto*". Essa entrada em cena do tal "controle remoto" é a forma como ela pode descrever o fenômeno da invasão de sua mente por um terceiro, distante, para o qual ela perde o controle, passando a ser por ele parasitada. É ele que entra em sua cabeça e pensa por ela, impondo-se inapelavelmente e retirando-a do comando de sua mente. Exatamente como um controle remoto programa e domina um aparelho eletrônico.

A foraclusão e seus vestígios

Vamos discutir essas passagens citadas à luz do conceito de foraclusão, termo introduzido por Lacan (1955-56/1985) para nomear o mecanismo defensivo que opera na formação psicótica. Sua origem está na palavra que, no alemão de Freud, é *Verwerfung*, mais comumente traduzida em português por *rejeição*. Muito cedo em sua obra, no artigo "As neuropsicoses de defesa", Freud (1894/1980a) faz o que foi, a meu ver, sua mais nítida definição de tal mecanismo, comparando-o com as formas de defesa operantes na histeria e na neurose obsessiva e enfatizando sua radicalidade. Quando se defende da dor por meio de uma fuga para a psicose, diz Freud (1894/1980a, p. 72), "o ego escapa da ideia incompatível; esta, porém, é ligada inseparavelmente a um fragmento da realidade, de modo que, à medida que o ego alcança esse resultado, ele se destaca também, parcial ou inteiramente, da realidade". Ou seja, opera-se uma alteração do ego, de modo que este perca sua integridade, uma vez que a parte que tomou contato com a ideia expulsa ou abolida também se destaca do seu todo integral.

No caso Schreber, em 1911, encontraremos a continuidade dessa teorização freudiana sobre o mecanismo da rejeição na psicose, com a consolidação da ideia de que "...aquilo que foi internamente abolido retorna desde fora" (Freud, 1911/1980a, p. 95). Ou seja, o que leva ao insuportável sofrimento psíquico do psicótico é o fracasso da defesa:

> *...o desligamento da libido em relação à figura de Flechsig pode, não obstante, ter constituído o elementar no caso de Schreber; foi imediatamente seguido pelo aparecimento do delírio, que trouxe a libido de volta novamente para Flechsig (embora com sinal negativo, para assinalar o fato de que a repressão se efetuara) e anulou assim o trabalho da repressão (Freud, 1911/1980a, p. 97).*

Esse raciocínio será a base de nossa tentativa de compreensão da natureza da fenomenologia do sofrimento psíquico na psicose, que pode se definir como a sensação de uma invasão intolerável.

Em Nasio (1997, 2001) encontramos uma ampliação bastante interessante do alcance do mecanismo da foraclusão, que tem um grande valor para a clínica, da psicose ou não. Sabemos que, nos primórdios, a criança atribui o saber sobre si à mãe ou ao cuidador. Não é que a sensorialidade não seja acionada pela fome, pelo desconforto ou pela vontade de urinar ou evacuar. Mas, à falta de uma representação, seja da sensação corporal, seja de seu próprio eu, é a mãe quem anuncia e nomeia, por ações de cuidado e por palavras que as acompanham, o próprio estado de necessidade: "você está com fome", "você está com dor", "você está com vontade de fazer xixi" e assim por diante. Ou seja, o saber sobre si inicialmente provém do outro, e é seu cuidado que fará com que a criança gradualmente o represente e o tome para si. Ora, não seria descabido conceber essa relação inicial como algo que se assemelha ao funcionamento da foraclusão, por mais estranho que isso nos possa inicialmente soar. Nesse sentido, esse mecanismo defensivo se caracterizaria pela manutenção ou pela não superação desse estado inicial, o que nos dá uma dimensão fenomenológica do que seria mesmo a *experiência* da psicose.

Diga-se de passagem, esse fenômeno, que, *grosso modo*, se supera na formação neurótica, nunca tem seus vestígios completamente apagados; está presente na psicopatologia da vida cotidiana, como atos falhos e chistes. Também é o que fundamenta boa parte do estabelecimento da transferência, na chamada atribuição do *suposto saber* ao analista, que vem a ser a condição mesma da análise. Pois bem, vamos examinar alguns aspectos das situações que levantei anteriormente.

A primeira vinheta, do caso de Felipe, é cristalina. No treinamento do controle esfincteriano desse menino sem nenhum transtorno psíquico grave, era a mãe quem tinha que lhe comunicar que ele estava com vontade de urinar. Ele já vinha estabelecendo o controle, mas este ainda apresentava falhas; não se completara. Portanto, é do maior interesse clínico e teórico sua resposta à mãe: "ninguém me avisou". Como disse, não é que a criança não tenha sensações, claro! Mas a representação ainda é rudimentar, e se completa com a enunciação do saber proveniente do campo do outro: "você está agora com vontade de fazer xixi". A mãe *sabe*, até porque, como mãe concernida no cuidado do filho, pode entender toda uma série de sinais comportamentais que a criança dá sobre seus estados corporais e psíquicos.

Na segunda vinheta, Tiago tenta verificar se se encontra no analista o desejo de que *ele* coma a bolacha. Premido por algum sentimento superegoico, provavelmente ligado à dúvida sobre a adequação do ato de se alimentar dentro da sessão, ele ainda se confunde sobre a localização do desejo. Claro que tem fome ou apenas vontade de comer as bolachas! Mas sua dúvida se expressa não pelo pedido de permissão: "posso comer as bolachas aqui?", mas pela ideia de que é o analista quem quer ou não que ele as coma.

A terceira vinheta, do caso de Joaquim, numa lógica semelhante à da precedente, traz um ato falho altamente esclarecedor do funcionamento neurótico dentro da elaboração de um conflito edípico bastante rigoroso. O paciente, um jovem inteligente, criativo e trabalhador, que vinha há quatro anos fazendo um trabalho analítico intenso e profícuo, tinha um temor reverencial pelo pai, muito acima da média do que se verifica em outros jovens de seu meio. É certo que o pai era um profissional muito bem-sucedido, gozando de fama nacional e até mesmo internacional, e fazia um juízo rigoroso de tudo e de todos, que não facilitava a vida do filho. Essa questão era central em sua análise. Quando Joaquim faz o ato falho – de valor didático tanto para si mesmo quanto para nosso estudo do inconsciente –, dizendo que fôra perguntar ao pai se este *queria* que ele, Joaquim, realizasse um trabalho, em vez de dizer que fôra perguntar se ele *devia* aceitar a proposta, caímos, ambos, na gargalhada. Não se fazia necessária nenhuma interpretação. Estava tudo claríssimo para a dupla.

Uma regressão se processara, tocando o que chamo aqui de *vestígio* arcaico da foraclusão, ainda que no caso de um sujeito cujo aparato psíquico estava organizado no plano neurótico. A consulta "devo (ou posso) realizar este trabalho?", que se dá no nível da ação do superego, num contexto edípico turbulento, mas suficientemente atravessado, resvala inconscientemente para o nível arcaico da colocação do saber sobre si na mente do pai. A aparição de um vestígio da foraclusão, nesse caso, revela-se como oportunidade para um *insight*, o que só é possível porque se encontra assegurada pela coesão do ego.

Já a quarta vinheta fala de um processo *extremo*, concernente a nosso objeto central no presente estudo. Aqui estamos completamente dentro do campo da psicose. Manoel é atravessado pelo outro, seu saber e seu sadismo. É reduzido a algo como uma embalagem furada que não tem como se defender da invasão. Tudo o que, no caso de Joaquim, encaramos com humor e concebemos como *insight*, no caso de Manoel vivíamos como sofrimento extremado e terrível, por que não dizer, horripilante. O outro era presença real, ou seja, era o fracasso da defesa que o trazia, inelutavelmente, para dentro da experiência psíquica, dando ensejo a um sentimento de total impotência. O elemento trágico dessa forma de tormento psíquico decorre da redução da própria mente à condição de terra arrasada, como um país tomado por outro numa guerra desproporcional.

Nem precisamos de muito esforço para entrever esse mesmo processo nos casos de psicose retirados da obra de Freud, no quinto e no sexto exemplos. *Frau* P. era invadida pela acusação que ouvia na rua por meio de vozes. Seria, como ocorrer na paranoia, uma autoacusação original que retornava por meio da alucinação? Como define Lacan (1955-56/1985), a projeção, na psicose, não pode ser tomada no sentido comum de sua acepção na psicologia. Na psicose, ela é "o mecanismo que faz voltar de fora o que está preso na *Verwerfung*, ou seja, o que foi posto fora da simbolização geral que estrutura o sujeito" (Lacan, 1955-56/1985, p. 58).

Cabe aqui, apenas incidentalmente, lembrar sobre a discussão a respeito do estatuto do superego na psicose, polêmica que tem longa trajetória na história da psicanálise.[1] Num trabalho elucidativo desse problema, Luque (1983) enumera algumas formas possíveis de ação do superego de modo comparativo, na histeria, na neurose obsessiva, na melancolia e na psicose paranoide. Sem estender o assunto, o que é de nosso interesse aqui é sua afirmação de que, "na paranoia, o superego perde sua cobertura identificatória e deixa de ser garantia ante a angústia, revelando-se como presença horrorosa" (Luque, 1983, p. 652). Sublinho a felicidade da expressão "perde sua cobertura identificatória" para caracterizar esse processo de invasão pela acusação alucinatória.

O mesmo se verifica no caso de Schreber, quando o ego se vê ameaçado de demolição, e já não pode fazer barreiras contra o que provém (volta?) do exterior. Nesse processo, conforme Lacan (1955-56/1985, p. 97), os delírios e alucinações, em vez de formações sintomáticas como se verificam na neurose, são, na verdade, uma resposta "num nível mais profundo da realidade". Ou seja, foi exatamente o mecanismo defensivo que inicialmente visava a fuga da realidade, aquilo que acabou por lançar o psicótico, inapelavelmente, à sujeição bruta a ela mesma. Referindo-se criticamente a um trabalho em que Kris[2] descrevia um caso de psicose, Lacan afirma

---

1 Esse ponto é discutido pormenorizadamente no Capítulo 2 de meu livro *A eternidade da maçã: Freud e a ética* (Ferraz, 1994).

2 Ernst Kris (1900-1957), expoente da corrente norte-americana da *psicologia do ego*; no trabalho em questão, o analista relata o caso de paciente que se acusava de ter cometido um plágio numa tese acadêmica. Kris coteja a obra do paciente com a tese supostamente plagiada e não verifica plágio algum. Ele então interpreta o paciente no plano do real, afirmando não haver plágio e desqualificando, portanto, a autoacusação. É esse procedimento que Lacan critica, apoiando-se na passagem ao ato que sucedera a intervenção do analista: na sessão seguinte

que a resposta do paciente em questão à interpretação do analista "não mostrava nada". E conclui: "Irei mais longe – direi que ele não mostra absolutamente nada, que é essa alguma coisa que se mostra" (Lacan, 1955-56/1985, p. 97). No compreensível jargão dos analistas lacanianos, o sujeito "não fala", mas "é falado".

Mais uma vez sem me estender, lembro aqui que essa invasão do outro na psicose tem valor didático sobre a própria origem do inconsciente de modo geral, a julgar pelo aforismo que reza que *o inconsciente é o outro*. Mas há modos e modos de elaboração desse *outro* nas diversas formações estruturais do aparato psíquico e, portanto, na psicopatologia... Mas isso já é objeto para outro estudo.

No caso de Estamira, retratada no documentário de Marcos Prado, o que eu gostaria de mostrar aqui, como já introduzi, era sua genial denominação do fenômeno do *delírio de influência* já bastante estudado na psiquiatria no campo da psicose, ainda que aqui se trate de uma alucinação. Estamira dá-lhe o nome de *controle remoto*, num exemplo que, como a poesia, nos fala mais do que páginas e páginas de demonstrações teóricas.

À guisa de conclusão

O que procurei trazer neste pequeno estudo foi uma tentativa de compreensão metapsicológica do sofrimento extremado na psicose. Conforme o material clínico e os fragmentos de teoria a que recorri, podemos dizer que tamanho sofrimento psíquico se origina do paradoxo decorrente do fracasso da defesa, com o inexorável retorno do rejeitado a partir do real. O abolido se impõe, contrariando

---

o paciente contou que, saindo da sessão em que ouvira tal interpretação, dirigira-se a um restaurante que servia "miolos frescos".

e anulando o trabalho inicial da defesa mais radical a que se pode recorrer, qual seja, a foraclusão.

Essa conclusão de caráter metapsicológico deve nos orientar, e não nos colocar a produzir racionalizações, quando nos encontramos no duro contato com o paciente psicótico da nossa clínica de cada dia. Não são todos os analistas que trabalham com a clínica da psicose, recebendo em seus consultórios pacientes francamente delirantes ou alucinados. Mas, para os que o fazem, não há dúvida de que estão *no extremo da experiência* de analistas, em franca homologia com seu paciente que se encontra no *extremo da experiência psíquica*. Ninguém sai ileso do contato com a psicose, especialmente quando se estabelece genuinamente algo que mereça ser chamado de *contato*. Sabemos, à exaustão, que, na psicanálise, o instrumento com que o analista trabalha é seu próprio aparato psíquico.[3]

Quero, por fim, jogar alguma luz num ponto que muitas vezes não se ilumina na teoria da clínica da psicose. Ao lermos os tratados psicanalíticos sobre a ruptura com a realidade operada na psicose, ou – o que dá na mesma – a ausência de alteridade em razão do funcionamento narcísico do psicótico, ficamos com a impressão de que não há contato possível com esses pacientes. Parece que a condição da objetalidade foi danificada irreparavelmente. Mas, então, o que dizer do apelo de Manoel para que eu o acudisse, ordenando que se calassem as vozes que o aturdiam? Não digo que o analista não possa ser engolfado pela retirada da catexia libidinal do psicótico (particularmente na paranoia), mas creio que os rudimentos de relação objetal se fazem presentes e são, eles mesmos, os veículos privilegiados de nosso contato e nossa intervenção. Finalizo: mais do que crença, trata-se de uma disposição ética a tornar possível algo como uma clínica psicanalítica da psicose.

3 Esse ponto é discutido com maiores detalhes no Capítulo 3 de meu livro *Andarilhos da imaginação: um estudo sobre os loucos de rua* (Ferraz, 2000).

Referências

Ferraz, F. C. (1994). *A eternidade da maçã: Freud e a ética*. São Paulo: Escuta.

Ferraz, F. C. (2000). *Andarilhos da imaginação: um estudo sobre os loucos de rua*. São Paulo: Casa do Psicólogo.

Freud, S. (1980a). As neuropsicoses de defesa. In S. Freud, *Edição Standard Brasileira das Obras Psicológicas Completas* (J. Salomão, Trad., Vol. III, p. 57-74). Rio de Janeiro: Imago. (Trabalho original publicado em 1894).

Freud, S. (1980b). Notas psicanalíticas sobre um relato autobiográfico de um caso de paranoia (*Dementia paranoides*). In S. Freud, *Edição Standard Brasileira das Obras Psicológicas Completas* (J. Salomão, Trad., Vol. XII, p. 23-105). Rio de Janeiro: Imago. (Trabalho original publicado em 1911).

Freud, S. (1980c). Novos comentários sobre as neuropsicoses de defesa. In S. Freud, *Edição Standard Brasileira das Obras Psicológicas Completas* (J. Salomão, Trad., Vol. III, p. 187-216). Rio de Janeiro: Imago. (Trabalho original publicado em 1896).

Lacan, J. (1985). *O seminário. Livro 3: As psicoses*. Rio de Janeiro: Zahar. (Trabalho original publicado em 1955-56).

Laing, R. D. (1978). *O eu dividido*. Petrópolis: Vozes.

Luque, E. M. M. (1983). Ideal del yo / superyó: su estructuración y sus implicancias en la clinica. *Revista de Psicoanálisis*, Buenos Aires, (15), 637-678.

Nasio, J.-D. (1997). O conceito de foraclusão. In J.-D. Nasio, *Lições sobre os sete conceitos cruciais da psicanálise* (p. 149-160). Rio de Janeiro: Jorge Zahar.

Nasio, J.-D. (2001). A foraclusão localizada. In: J.-D. Nasio, *Os grandes casos de psicose*. Rio de Janeiro: Zahar.

Prado, M. (Diretor). (2004). *Estamira*. (documentário). Direção de Marcos Prado. Produção Marcos Prado e José Padilha. Brasil.

11. Decifro-me ou me devoro: dor psíquica e autodestrutividade[1]

Mônica Kother Macedo

Foi a gangrena que devorou você até o osso,
Disse minha mãe; você morreu como qualquer homem.
Como posso envelhecer nesse estado de espírito?
Sou o fantasma de um infame suicídio.

Sylvia Plath (1959)[2]

O reconhecimento da complexidade, aspecto imprescindível à compreensão de um ato com o qual o sujeito visa à própria morte, encontra-se contemplado na consistência dos aportes teóricos e técnicos da psicanálise. O tema da dor psíquica e seus impactantes efeitos para o sujeito estão presentes desde o início da história da psicanálise. Segundo Rocha (2011, p. 595), "o enigma da dor, tanto na sua dimensão física quanto no seu registro psíquico, ocupou um lugar de destaque nas preocupações teóricas e clínicas do pai da psicanálise". Ao explorar o tema da dor e criticar o pouco respeito atribuído às dores de etiologia psíquica, Freud (1905/1976b,

1 Publicado anteriormente na *Revista Brasileira de Psicanálise*, 5(4), 209-223, 2019.

2 Tradução nossa.

p. 302) afirma que "como quer que as dores sejam causadas – mesmo pela imaginação – elas próprias não são menos reais nem menos violentas por isso".

No espaço de escuta ofertado pela psicanálise, a morte buscada pelo próprio sujeito pode vir a se apresentar mediante a ocorrência de uma tentativa de suicídio, manifestando-se ao sujeito como um *segundo tempo*. Nesse *a posteriori*, o desejo de morrer já se fez ato pelo sujeito, resultando muitas vezes no acréscimo do enfrentamento com o "fracasso" da intenção de provocar a própria morte. Esse segundo tempo pode levar ao circuito de reprodução de atos autodestrutivos, mas também pode inaugurar condições que rompam a concepção do suicídio como único recurso de apaziguamento da dor psíquica.

Os argumentos apresentados neste artigo alinham-se à proposição de Brunhari e Darriba (2010) sobre ser o suicídio a única alternativa quando o sujeito não afigura outra saída para sua dor ou infelicidade. Questionam os autores a perspectiva de "prevenir" suicídios, afirmando que "a possibilidade de avançar nessa via, no entanto, supõe um desejo de saber mais, não um desejo de saber mais sobre como evitar, mas um desejo de saber que visa à causa" (Brunhari & Darriba, 2010, p. 66).

Numa reflexão a respeito do suicídio, Bleichmar afirma:

> *A vida humana tem, do ponto de vista da continuidade biológica, algo que está inscrito desde a natureza. Mas, do ponto de vista da vida de representação, da forma como os seres humanos pensam a vida, entra em contradição com a natureza. Quero dizer que a vida cobra um sentido a partir de elementos que não são sua própria persistência biológica, mas sim sua persistência como representação, como sentido (2009, p. 52).*

Logo, uma direção possível a ser empreendida no estudo sobre a ocorrência de uma tentativa de suicídio é considerá-la a partir da força e vigência de elementos psíquicos que escapam à condição de representação e atribuição de sentido por parte do sujeito.

O caráter singular e enigmático da dor é destacado por Rocha na analogia com a figura mítica da Esfinge de Tebas. Para o autor, o deciframento do enigma da dor permite que essa experiência seja "introduzida, pela mediação criativa da linguagem, no mundo da representação e dos símbolos", viabilizando a atribuição de sentido àquilo que parece não ter sentido, como as angústias, as perdas e os fracassos. Rocha (2011, p. 596) diz que, se a dor "for congelada na carne de nosso corpo e, na sua mudez, não puder ser representada nem simbolizada, ela tornar-se-á mortífera e nos devorará, como fazia a Esfinge de Tebas a quantos não eram capazes de decifrar o seu enigma".

Na torção do imperativo "Decifra-me ou te devoro", enunciado pela Esfinge no mito narrado por Sófocles, pode-se propor a enunciação "Decifro-me ou me devoro" como alusiva à demanda de escuta clínica diante de um ato autodestrutivo. A tentativa de suicídio, como ato de devorar a si mesmo, ilustra a força autodestrutiva em face da intensa dor psíquica. No que se refere ao "decifro-me", acredita-se ser a narrativa do sujeito e sua implicação no enfrentamento de seus enigmas o que sustenta o árduo trabalho psíquico de atribuição de sentido àquilo que ameaça sua existência.

Parte-se, portanto, da história de Aurélio como paradigma de resposta à convocatória de Hornstein de que não basta dizer que o processo analítico é hipercomplexo. Segundo o autor, "deve-se mostrar e demonstrar o emaranhado de ações, de interações, de retroações" (Hornstein, 2008, p. 148). Não se trata, portanto, de apresentar um modelo causal de leitura de uma tentativa de suicídio; tampouco de, por meio dela, propor diretrizes de "prevenção" à sua ocorrência. Ao contrário, pretende-se, com a riqueza do material clínico, reafirmar a imperiosa complexidade do vivido pelo sujeito e a relevância de uma escuta clínica orientada para a singularidade da dor psíquica.

Desde a escuta freudiana da histeria, a construção do conhecimento em psicanálise se dá pelo vértice da clínica à teoria. Esse direcionamento do caminho investigativo a ser trilhado reconhece o protagonismo do sujeito na investigação de seus padecimentos e mantém a psicanálise situada de forma diferenciada diante da escuta do sofrimento psíquico. A apresentação de Aurélio se dá por meio da narrativa de sua tentativa de suicídio:

> *Já estava na minha cabeça, só que eu estava estudando uma forma. Perdi esses dias um grande amigo meu. Ele se enforcou. Até na época eu mesmo o critiquei. Disse: "É muita loucura. Eu não faria isso de me suicidar". Mas talvez aquilo já estivesse predestinado para que eu fosse fazer isso aí. Saí e fui ao mercado, comprei um pacote de soda, tomei o ônibus e fui para a beira do rio. Minha intenção era me suicidar, não era outra coisa. Era isto: chego lá, tomo a soda, 20 minutos e estou morto. Não tinha a intenção de ficar sofrendo nem de fazer os outros sofrer. Era tomar e deu. … Se perdi tudo o que tinha e não vai ser recuperado, não tem sentido. Foi isto que comecei a pensar: "Não tem sentido. Não vou conseguir recuperar"... Na minha vida pessoal, já estava me sentindo uma pessoa que não tinha nada, estava perdendo o controle... Sei lá. Aquilo é uma coisa gozada, é uma brutalidade contra si mesmo, uma coisa sem explicação... Foi uns dois minutos, por aí, um minuto e meio. Passei a me sentir mal, queimava, parecia que tinha uma fogueira dentro do meu estômago. Eu quis falar, mas não*

> *consegui. Veio uma ânsia de vômito, veio uns pedaços de carne, da barriga, do esôfago, pois não tinha comido nada. Já estava vomitando sangue.*

Aurélio foi salvo por uma senhora que o viu passando mal e chamou uma ambulância. A ingestão de soda cáustica destruiu parte de seus órgãos internos e o deixou à mercê de importantes e inevitáveis riscos à saúde. Aurélio sobreviveu, mas com indeléveis marcas das vicissitudes tanáticas presentes ao longo de sua história.

A história de golpes nos investimentos

Aurélio, filho mais velho da família, tem três irmãos e uma irmã. Ele divide sua vida em três partes: infância, adolescência e maturidade. Sobre a infância, fala inicialmente do quanto seu pai era um homem bom. Na adolescência, diz que

> *ocorreu a fatalidade de meu pai perder tudo. Perdeu casa, perdeu tudo. Saiu com a roupa do corpo de dentro de casa e os filhos e a mulher. Lembro-me como se fosse hoje. Caminhamos mais ou menos uma semana a pé. A gente passou fome. A última coisa que lembro que o meu pai fez para não morrermos de fome foi vender umas panelas de ferro.*

Aurélio "conta-se" na referência ao pai. Sua infância e sua adolescência têm como marcadores as duas imagens que faz do pai: um homem bom e um homem perdedor. Essa confusão se repete posteriormente, quando sua narrativa dá a entender que considera sua adolescência o que foi vivido próximo aos 8 anos de idade. A partir daí, anuncia-se um singular movimento identificatório, por meio do qual a história dos investimentos de Aurélio está condenada a reproduzir essa forma cindida de perceber a figura paterna e de fomentar alterações em relação à percepção de si mesmo. O "homem bom" vende até as panelas para os filhos não morrerem de fome. Nessa divisão, parecem esconder-se sentimentos relativos ao "homem perdedor", que na prática compulsiva de jogos de azar perde tudo e põe a família em situação de penúria.

Depois do ocorrido, o pai conseguiu o emprego de capataz em uma fazenda. Aurélio considera que até viveram bem nessa época, apesar de acrescentar a evidente contrariedade do pai em ter que trabalhar como empregado.

Em uma manhã de inverno, ao iniciar o fogo para a mãe fazer o café, Aurélio viu o pai ao longe:

> *Olhei e o meu pai estava virado assim. Era no alto, e tinha uma baixada. Era umas lavouras de arroz e de milho. Ele estava com as duas mãos bem na cintura. Eu adorava o meu pai, era um dos melhores amigos que tive. Onde ele estava, eu estava. Quando cheguei perto dele, os pés estavam uns 50, 60 centímetros do chão. Olhei para cima, vi a corda e que o pescoço dele estava tombado para o lado. Aí me apavorei e comecei a gritar.*

A vida de Aurélio mudou muito a partir do suicídio paterno. Poder-se-ia pensar, inicialmente, que sua insistente menção ao fato de adorar o pai decorra de um processo identificatório no qual predominem registros do amor e do cuidado. Sabe-se, porém, considerando a prática analítica, que o relato "oficial" da história por um sujeito por vezes esconde a difícil menção ao desamor e ao descuido, elementos que fomentam a hostilidade, nem sempre passível de ser reconhecida como constituinte do sujeito. Serão os desdobramentos psíquicos do experienciado que darão testemunho daquilo que também é desconhecido pelo sujeito em si mesmo. Como escreve Green (1988, p. 297), "quando o luto é interminável, não é na conta do amor que deve ser posta essa perda inconsolável, mas pelo contrário na de um ressentimento, nascido do abandono do objeto, que não diz seu nome".

Marcadores fundamentais dos tempos de vida de Aurélio aludem à figura paterna: "*Onde ele estava, eu estava*". Diante da ausência do pai devido ao suicídio, Aurélio está condenado a "ausentar-se" também? O impacto do vivido com o pai permite a Aurélio dispor de recursos psíquicos para enfrentar as intensidades que dele decorrem? Qual a extensão da dimensão identificatória na problemática relativa aos seus investimentos psíquicos?

Sua mãe estava grávida quando o marido se suicidou e, para que ela não desse a filha à adoção, o que se propunha a fazer alegando dificuldades financeiras para o sustento familiar, Aurélio implorou para ficar responsável pela irmã que iria nascer. Segundo ele, o fato de a mãe aceitar o que lhe pedira fez com que passasse a buscar, com afinco, um trabalho para ajudar no sustento da família e assumir a "paternidade" da irmã. Assim, onde não estava mais o pai, imperiosamente *precisava estar* Aurélio, desconsiderado em suas reais condições de sujeito, aos 8 anos de idade. Na esteira do parco investimento recebido em sua condição de ser, conta que, como não havia sido registrado pelo pai ao nascer, aos 14 anos precisou alterar sua idade nos documentos de identidade para não ter problemas com o Exército. Alterações em sua condição de ser duplicadas na assunção de um lugar adulto, e no tempo de sua vida, que "encurta" para não ter problemas com a lei, produzem mais tarde importantes efeitos.

No período que descreve como sua maturidade, iniciado aos 8 anos de idade, Aurélio trabalhou como auxiliar numa fazenda e, anos depois, passou a trabalhar com explosivos em uma pedreira. Aconteceu então, nesse local, um "acidente" no qual ele ficou gravemente ferido. Conseguiu sobreviver, mas perdeu parte dos dedos, sendo aposentado, muito jovem, por invalidez. Conta sobre a suspeita de que um trabalhador tivesse acionado a detonação dos explosivos antes do tempo previsto.

Anos mais tarde, já casado e com filhos, no intuito de comprar uma casa para a família, Aurélio, próximo dos 60 anos, acabou, como diz, "*caindo no golpe de uma financeira*". Vendera tudo que possuía e entregara todo o dinheiro na ilusão de estar comprando uma casa própria. A família foi despejada, e ele perdeu todo o dinheiro, pois o negócio era ilegal e fraudulento. Aurélio ficou arrasado com o ocorrido e com as consequências de seu ato na vida dos familiares. Passaram a morar em duas peças alugadas e a ter muitas dificuldades econômicas. Segundo ele, foi então que começou a pensar em suicídio. Não estabeleceu, ao contar o que lhe acontecera com o golpe da financeira, nenhuma relação com as condições que levaram ao suicídio paterno.

Sobre a dor, o trauma e o ato nas vicissitudes do sujeito

A concepção econômica do funcionamento psíquico destaca o processo de constituição do eu e de seus recursos de metabolização das intensidades que ingressam no aparelho psíquico. Assim, a concepção psicanalítica de aparelho psíquico como aparelho de *captura e metabolização* (Birman, 2009), por meio dos temas da dor, do trauma, do ato e da destrutividade, contribui para a reflexão sobre a tentativa de suicídio de Aurélio.

Nos tempos iniciais da vida do bebê com o outro que cuida dele, o investe e atende suas necessidades, começa o processo de construção dos recursos psíquicos que serão exigidos ao eu no enfrentamento das experiências ao longo da vida. Logo, a condição humana, em seu inerente desamparo, desvela a importância da qualidade psíquica dos cuidadores primordiais, demarcando o fundamental papel dessas experiências nos espaços intersubjetivos. Numa leitura que reconhece a importância do real para o psiquismo, Bleichmar (2006, p. 152) alerta: "Não se trata de que tudo fique atribuído à causalidade, porque de fato o que nos interessa, como analistas, é a compreensão daquilo que o real produz no psiquismo".

Nessa direção, Castiel (2019) observa que a experiência analítica, ao direcionar-se para a transformação do pulsional, não se centra na análise do objeto, mas no que foi experienciado pelo sujeito na relação com o objeto. Diante da constatação clínica de vulnerabilidade ou precariedade psíquica, não se pode, portanto, prescindir da atenção às relações estabelecidas entre o eu e os objetos. Segundo Bleichmar (2006), deve-se buscar o acesso aos elementos que produzem efeitos na vida psíquica por se relacionarem a acontecimentos que se enlaçam com a produção do traumático ou do sintoma do sujeito. A relevância dos enunciados identificatórios advindos do outro como condição primeira para que o sujeito se reconheça de forma sucessiva situa o processo de construção do eu em um campo intersubjetivo e dá destaque à temática do narcisismo. Ressalta-se sua concepção como uma etapa da libido, posterior ao autoerotismo, na qual, por meio de uma nova ação psíquica, ocorre a unificação de uma imagem de si mesmo, dando surgimento ao eu (Freud, 1914/1996). A leitura dessa nova ação psíquica como fruto da identificação leva à consideração de que o eu se constitui como "efeito residual de uma proposta identificatória do outro" (Bleichmar, 2014, p. 150).

No encontro primordial se faz presente uma assimetria, considerando a "diferença motriz, diferença simbólica e organizativa" existente entre o adulto e a criança (Bleichmar, 2014, p. 564). Logo, caberá ao adulto dar condições, via investimento amoroso, para que se instalem recursos de ligação das excitações que acompanham a instauração da sexualidade infantil. A qualidade do encontro com o outro está, assim, no fundamento da transformação do desamparo inicial do sujeito em um progressivo e complexo processo de aquisição de recursos intrapsíquicos. À medida que o narcisismo se processa "em sua função estruturante, protetiva, e suas implicações para o desenvolvimento do ego como lugar de contenção das excitações e de unidade corporal" (Castiel, 2019, p. 69), pode-se inferir que o objeto cumpriu seu papel de cuidado com o eu.

No entanto, o predomínio do desligado no circuito pulsional dá testemunho de importantes fraturas nos encontros do eu com o objeto e conduz aos aportes freudianos a respeito da pulsão de morte. De acordo com Castiel, a análise de "expressões de destrutividade que se direcionam ao interior e ao exterior deve ser articulada às decepções com os objetos e ao desinvestimento que acarretam". O raciocínio sobre o segundo dualismo pulsional permite a Freud "abordar a questão do desinvestimento e sua relação com a pulsão de morte, podendo colocar em evidência a ligação e o desligamento" (Castiel, 2019, pp. 30 e 37).

Como afirmam Moraes e Macedo (2011, p. 41), no texto de 1920 "recupera-se no pensamento freudiano o conceito de trauma a partir de uma perspectiva do violento, do intrusivo, que gera uma demanda significativa de processamento psíquico". Não se trata, portanto, de ser o trauma real ou fantasiado, mas sim do efeito do traumático desde a perspectiva da impossibilidade de atribuição de sentido por parte do sujeito. Freud (1920/1976a) articulou o tema do traumático destacando dois aspectos fundamentais: *o efeito devastador da excitação* que atingia e ultrapassava o escudo protetor, e *o completo despreparo do eu* (ou do escudo protetor) para o trabalho de ligação desse montante de excitação. O aparelho psíquico, ao não conseguir mobilizar suas energias, torna inoperante a capacidade de ligação das quantidades que nele ingressam.

Alonso afirma que o excesso necessita ser processado de tal forma que o aparelho psíquico seja capaz de criar margens, limites, arranjos que o protejam de ser inundado por aquele. Segundo a autora, "quando isso não é mais possível, as pulsões, no seu excesso, no que têm de mais indizível, viram verdadeiras ameaças para o eu, e é nesses casos que a violência da pulsão se faz notória" (Alonso, 2003, p. 228). Com o conceito de compulsão à repetição, Freud (1920/1976a) destaca as forças que se dão *além* do território do princípio do prazer, exemplificando, por meio delas, o caráter demoníaco da pulsão e o caráter ativo do que escapa ao processo simbólico.

A criação de condições de encaminhamento, por parte do eu, das forças pulsionais a construções no campo simbólico refere-se diretamente à capacidade psíquica de ligação e atribuição de sentido às intensidades psíquicas (Alonso, 2003). No caso da compulsão à repetição, porém, o que está em cena diz respeito ao excesso, ao intrusivo, aos elementos regidos pela destrutividade. Castiel observa:

> *Nas patologias em que a destrutividade dirigida ao ego ou aos objetos tem uma dimensão importante, o psiquismo é dominado pelo excesso. Dada a impossibilidade da ligação, o componente destrutivo sobressai na ação do sujeito e com isso há o desinvestimento dos objetos, no sentido de que a destrutividade afeta as investiduras externas do sujeito (2019, p. 59).*

A ausência da capacidade de ligação das intensidades faz com que o ato, no enlace com a destrutividade e na condição de repetição compulsória, ganhe destaque. São os atos compulsivos, portanto, que denunciam o efeito tanático derivado de fraturas presentes nas experiências do eu com os objetos. Assim, segundo Uchitel (2001), *o trauma não se representou, mas sim se apresenta* em forma de ato, acusando a presença persistente de um *não sentido*, de uma *não memória*.

A concepção psicopatológica dos estados-limite ou das patologias do narcisismo evidencia o predomínio da destrutividade e da existência de importantes fraturas nos limites entre o eu e o outro. Hornstein considera que, nas situações que remetem à clínica dos limites, dominam "a descarga e a repetição do traumático (mais do que a elaboração psíquica), a tendência a atuar e a desorganização do eu" (Hornstein, 2003, p. 100). A fragilidade dos vínculos e o fracasso nos encontros primordiais com os objetos explicitam-se nesses padecimentos quando, diante da vivência de situações traumáticas, o sentimento experimentado é de extrema solidão. A noção de alteridade está comprometida no momento em que o outro serve ao único propósito de garantir ao eu sua existência. Ao objeto, nesse modelo, passa a ser atribuída a função de regulação das vivências, tentando-se compensar o déficit intrapsíquico do eu. Quando o eu, em sua condição de fragilidade psíquica, se vê atacado pelo excesso, há o risco de aniquilamento do si mesmo, perdendo-se o acesso ao outro como recurso de ajuda. O incremento do desligamento faz com que passe a imperar uma situação na qual não existe o que está fora do eu. Ante o fracasso da tentativa de salvar algo de si mesmo, a desesperança pode levar o eu ao desejo de morte. Nessa direção, Birman afirma:

> *Para a preservação do narcisismo o eu prefere explodir do que implodir, mantendo então a autoconservação do organismo e a homeostasia do prazer. Porém, diante da impossibilidade de explosão, a implosão se impõe necessariamente, colocando em questão a ordem da vida (2012, p. 97).*

Cabe, portanto, atentar sobremaneira ao predomínio do recurso à passagem ao ato pelo psiquismo como *linha de fuga em face da vigência do excesso*. A implosão do eu, mediante a produção de atos autodestrutivos, atualiza um importante e persistente desinvestimento dos objetos e do si mesmo.

Moraes e Macedo (2011), no trabalho com o legado freudiano de 1920, constroem o conceito de *vivência de indiferença* como eixo teórico e clínico de reflexão sobre padecimentos cujos atos se produzem a partir da dor psíquica. Segundo Hornstein (2012, p. 11), na vivência de indiferença ocorre "uma singular modalidade de encontro na qual a criança não encontra em sua demanda ao adulto condições que reflitam a assimetria. O outro primordial não tem os recursos que possibilitariam uma conexão afetiva que contenha o desamparo da criança". Com isso, o predomínio violento de uma peculiaridade de indiferença experimentada no encontro entre o eu e seus objetos primordiais permite compreender o posterior predomínio do ato como forma de vazão à dor psíquica. Por não ser percebido na diferença de sua existência, instaura-se no eu um prejuízo quanto à condição de confiança e de percepção do si mesmo e do outro, o que terá repercussão nos recursos de enfrentamento da dor psíquica, bem como na relação com a alteridade. Uma das consequências da vivência de indiferença é o predomínio, no campo alteritário, da instabilidade, da desconfiança e da fragilidade.

A vivência de indiferença inaugura, no seu rastro de violência, o aprisionamento do sujeito em um território que "eterniza o desamparo e gera uma forma psicopatológica na qual o ato-dor reproduz a intensidade do desamparo experimentado" (Hornstein, 2012, p. 11). Alinhadas à noção psicanalítica de passagem ao ato, Moraes e Macedo definem *ato-dor* como o ato decorrente da vivência de indiferença que visa à mera evacuação de intensidades psíquicas. Logo, o ato-dor, expressão do desinvestimento pulsional, atualiza uma história pulsional vivida no "predomínio da expressão de um circuito pulsional da ordem do desligado e do mortífero" (Moraes e Macedo, 2011, p. 48). Elementos vigentes no além do prazer denunciam a ação tanática da pulsão de morte, alheia ao campo da simbolização, e sustentam o argumento de serem certas tentativas de suicídio configurações do ato-dor.

Tessituras entre o singular da história e os aportes conceituais

Aurélio conta como percebeu, *a posteriori*, sua tentativa de suicídio: "*Sei lá. Aquilo é uma coisa gozada, é uma brutalidade contra si mesmo, uma coisa sem explicação*". Aturdido diante do novo golpe que levara, fica sem encontrar alguma explicação. Parece-lhe impossível compreender o ocorrido, a não ser como mera confirmação de um destino inelutável. O recurso à soda cáustica – algo externo que, ao ser ingerido, passa a danificá-lo desde dentro – permite a analogia com um modelo identificatório tanático, que ao ser internalizado passa a corroê-lo desde dentro.

Os golpes da vida são vetores de um derradeiro golpe autoinfligido. A intensidade traumática que irrompe no psiquismo leva Aurélio ao ato-dor, no qual, ao devorar-se, confirma a força do violento que, desde dentro, o corrói, um exemplo dramático do referido por Birman (2012) como *paralisia psíquica*. Trata-se, para o autor, de situações nas quais a ação do sujeito se dá como consequência de um assujeitamento, mediante o qual se ausenta a capacidade de simbolização, prejudicando assim as condições de antecipação e de regulação dos acontecimentos.

Conforme Maia (2003, p. 149), diante de intensa dor psíquica, "a saída possível para a vida parece ser a autodestruição, na medida em que põe fim à angústia avassaladora (é interessante assinalar aqui essa estranha solidariedade entre vida e morte)". A história de Aurélio ilustra o predomínio de uma economia psíquica sob a égide do traumatismo, ou seja, da "insuficiência de ferramentas para ressimbolizar a realidade, ou para produzir de alguma maneira representações capazes de capturar a realidade quando a subjetividade se vê ameaçada pela ruptura de significações prévias que permitiriam sua apreensão" (Bleichmar, 2008, p. 124).

Aurélio se mostrou muito surpreso com o convite para pensar sobre possíveis conexões entre o que ocorrera com seu pai e o modo como o golpe da financeira atualizou a intensidade da dor de sua história; pareceu surpreendido diante do convite para pensar sobre possíveis ligações entre sua tentativa de suicídio e os fatos ocorridos em sua vida. O processo de ser historicizado no encontro com o outro lhe parecia estranho. A ideia de que o vivido pudesse lhe causar algum tipo de afetação era recebida com incredulidade. Um argumento dele para enfatizar a ausência de relação entre as situações consistia no fato de que o pai perdera todo o patrimônio da família em jogos de azar, o que não tinha nenhuma ligação, segundo ele, com sua "aposta" na financeira.

A impossibilidade de antecipar e regular os acontecimentos quando o cuidado consigo é exigido, testemunha as fraturas nas experiências de confiança. Não se trata de encontrar simples relações causais entre duas situações, mas sim de identificar meandros complexos na repetição do mortífero via aprisionamento identificatório. Ao contar do suicídio do amigo, diz que talvez estivesse predestinado a cometer suicídio. O amigo *re-apresenta* a ele o ato destrutivo do pai? As relações com outro reproduzem a precariedade nas fronteiras. Estar com o outro é ser *reprodutor* do destino de outro? Essa captura leva a pensar no modelo da melancolia, mas essencialmente denuncia a não existência da diferença na percepção do si mesmo diante do outro. A matriz de indiferença se faz presente nos enunciados de Aurélio de que talvez estivesse predestinado a não existir. Trata-se de nomear assim os persistentes efeitos da indiferença experimentada?

Parcos esforços de diferenciar-se do legado parental podem ser observados na decisão de Aurélio de responsabilizar-se pelos cuidados da irmã. É uma tentativa de cuidar do outro impedindo que outra perda/morte ocorra, uma vez que a irmã seria dada para adoção. Porém, mais uma vez, passa a se impor o que ele acredita ser sua *predestinação*. A experiência de indiferença calcada no não reconhecimento de suas condições infantis parece, também aqui, se *re-apresentar*. Se um adulto, a mãe, não pode exercer a função de cuidado diante do desamparo infantil, é Aurélio quem deve renunciar à condição infantil e de filho para ser "pai" da irmã? Procura mudar as ações, mas à custa de repetidas alterações em si mesmo.

Nomeia como período de maturidade o trabalho infantil iniciado aos 8 anos de idade. Quando adolescente, precisa alterar a idade, diminuindo-a para não ter problemas com o Exército (a lei). Não pode ser quem é, fica alterado em si mesmo. A "predestinação" a não ser impele-o a ocupar o lugar do pai, deixa-o ainda mais preso na condição de ser o adulto que pode sustentar a família, tranquilizar a mãe e salvar a irmã. Mesmo tentando fazer-se diferente do pai, não consegue se desvencilhar dos efeitos que o aprisionam no registro da indiferença. A falência paterna, o suicídio paterno, o aceite materno de que se encarregue da irmã dão subsídios para identificar a não consideração à assimetria própria da relação entre adultos e criança.

O duplo identificatório que o atordoa conta da clivagem como esforço de sobrevivência psíquica, mas ao mesmo tempo denuncia seus inegáveis prejuízos. Na clivagem, a potencialidade de investir do eu está prejudicada. É evidente seu efeito devastador no campo identitário e nos investimentos no campo intersubjetivo. Maia alerta sobre esse custo psíquico, uma vez que, na clivagem,

> *coloca-se em xeque a integridade narcísica, na medida em que aquilo que é silenciado exige a redefinição do sujeito, endurecendo suas vias de afetação para com o mundo: o eu terá que vigiar este que dentro dele é vivo e morto simultaneamente (2003, p. 155).*

O tema da confiança mostra-se abalado em Aurélio. Não consegue conversar com a esposa ou com os filhos sobre a intensa dor de ter perdido tudo, tampouco buscar com eles possíveis alternativas em face do drama que vivem. Altera seus verdadeiros sentimentos mostrando-se bem durante o dia, porém à noite não consegue dormir, de tanta angústia que sente. Na escuridão da noite, Aurélio está só e é invadido por intenso desamparo.

A traição à confiança depositada no agente financeiro, mediante a entrega de todo o seu patrimônio, atualiza a dor e a raiva pela morte do pai, que tinha como seu melhor amigo. Ante o suicídio paterno, vê traída sua confiança na condição de ter um *fia-dor* e de não precisar ser ele, nas vicissitudes impostas pela vida, o "alterado" e o responsável pelo violento que advém do outro. É difícil para Aurélio criar conexões, atribuir um sentido historicizado às repetidas ausências e decepções com o outro, quando espera poder confiar e ser cuidado. Os explosivos detonados pelo colega equiparam-se *a um pai que se implode e o deixa danificado em si mesmo*, levando-o forçosamente a um processo de "aposentadoria" de sua condição infantil, mutilada e alterada na nomeação de *maturidade*. Figuras atuais em sua história o confrontam, como no golpe financeiro que sofre, com o equívoco da avaliação e da expectativa de confiança em relação ao outro. A indiferença experimentada com as figuras parentais tenta ficar "protegida" na clivagem que opera em si mesmo, o que o deixa à mercê do nomeado como "*uma brutalidade contra si mesmo, uma coisa sem explicação*". O silêncio tanático da pulsão de morte encontra sua forma de eco no ato-dor.

No incremento do desamparo, Aurélio não pode nomear e historicizar sua dor. No ato-dor, busca não mais existir. O desinvestimento, próprio da vivência de indiferença, impera de modo avassalador.

A experiência de escuta, ao fomentar a capacidade narrativa do sujeito, no sentido de tramitação psíquica de intensidades próprias ao vivido, tenta fazer frente à atualização do risco constante para o si mesmo devido à precariedade de uma trama de sentidos. Como afirmam Kegler e Macedo (2016), por meio da palavra o sujeito pode tornar-se *enuncia-dor*, rompendo assim o modelo paralisante do traumático, diante do qual apenas a repetição se apresenta.

Considerações finais

Os recursos da psicanálise viabilizam adentrar à complexidade dos meandros psíquicos decorrentes do desligamento no circuito pulsional. Os destrutivos e mortíferos efeitos de experiências traumáticas deixam o sujeito preso a um tempo que não passa, e dessa forma segue imperando a repetição de intensidades tanáticas. Em face do fracasso ou da impossibilidade de atribuir sentido ao que lhe ocorre, o sujeito fica à mercê de forças que desfazem seus precários investimentos, "roubam" seus parcos recursos e o jogam no sombrio campo do desamparo e da desesperança diante do devir. Buscou-se desenvolver uma reflexão sobre o trabalho de atribuição de sentido que se dá por meio da escuta da dor e do reconhecimento da complexidade de elementos que fomentam a produção de um ato no qual o sujeito procura a própria morte.

No caso de Aurélio, significou ofertar condições de atribuir sentido, a fim de que pudesse desfazer as alterações e mutilações que vinha sofrendo passivamente nas repetições que colocavam em risco sua existência como sujeito. Cabe ainda ressaltar que, em respeito à singularidade das conflitivas e dos impasses experimentados pelo sujeito psíquico, não se pretende afirmar que todas as tentativas de suicídio devam ser equiparadas com o que se pôde escutar e compreender na história de Aurélio. Sem dúvida, a riqueza do *corpus* da psicanálise segue possibilitando, se não exigindo, o exercício de criação metapsicológica na imprescindível atualização do constante diálogo entre o singular da clínica e o escopo teórico psicanalítico.

A escuta analítica, ao captar o lado silencioso e disruptivo da dor que leva ao risco de implosão definitiva do eu, trabalha para que os efeitos do experienciado possam ser endereçados à cadeia de sentido, promovendo a descaptura do sujeito da impossibilidade de investir a vida. Green aproxima o trabalho de criação em psicanálise ao pensamento de Henri Atlan, autor da hipercomplexidade e criador do modelo de auto-organização. Segundo Green (1996, p. 378), a prática psicanalítica não somente *cria informação a partir do ruído*, mas a partir de uma informação fiável e redundante, oriunda do consciente, trabalha para que se abra a possibilidade de "uma nova organização *por outro* e *para outro* e que finalmente culmina no grau de auto-organização mais complexo". O processo de escuta de Aurélio se deu sustentado nesse modelo, no qual, por outro e para outro, criam-se recursos de "autodeciframento" dos ruídos, a fim de que, por meio dessa criação, possam ser inaugurados espaços ocupados por investimentos de Eros.

Referências

Alonso, S. L. (2003). Novos arranjos para a melodia. In L. B. Fuks, & F. C. Ferraz (Orgs.), *Desafios para a psicanálise contemporânea* (pp. 225-238). São Paulo: Escuta.

Birman, J. (2009). *As pulsões e seus destinos.* Rio de Janeiro: Civilização Brasileira.

Birman, J. (2012). *O sujeito na contemporaneidade: espaço, dor e desalento na atualidade.* Rio de Janeiro: Civilização Brasileira.

Bleichmar, S. (2006). La desconstrucción del acontecimiento. In L. G. Fiorini (Comp.), *Tiempo, historia y estructura* (pp. 139-154). Buenos Aires: Lugar.

Bleichmar, S. (2008). *Violencia social, violencia escolar: de la puesta de límites a la construcción de legalidades.* Buenos Aires: Centro de Publicaciones Educativas y Material Didáctico.

Bleichmar, S. (2009). El suicidio. In S. Bleichmar, *Superar la inmediatez: un modo de pensar nuestro tiempo* (pp. 51-54). Buenos Aires: ccc; Topía.

Bleichmar, S. (2014). *Las teorías sexuales en psicoanálisis: qué permanece de ellas en la práctica actual.* Buenos Aires: Paidós.

Brunhari, M. V., & Darriba, V. A. (2010). Não te matarás: suicídio, prevenção e psicanálise. *Estudos de Psicanálise, 34*, 63-70.

Castiel, S. (2019). *Narcisismo, pulsões e sexualidade: repercussões clínicas.* São Paulo: Escuta.

Freud, S. (1976a). Além do princípio do prazer. In S. Freud, *Edição standard brasileira das obras psicológicas completas de Sigmund Freud* (J. Salomão, Trad., Vol. 18, pp. 17-75). Rio de Janeiro: Imago. (Trabalho original publicado em 1920).

Freud, S. (1976b). Tratamento psíquico (ou mental). In S. Freud, *Edição standard brasileira das obras psicológicas completas de Sigmund Freud* (J. Salomão, Trad., Vol. 7, pp. 293-316). Rio de Janeiro: Imago. (Trabalho original publicado em 1905).

Freud, S. (1996). Sobre o narcisismo: uma introdução. In: S. Freud, *Edição standard brasileira das obras psicológicas completas de Sigmund Freud* (J. Salomão, Trad., Vol. 14, pp. 81-108). Rio de Janeiro: Imago. (Trabalho original publicado em 1914).

Green, A. (1988). *Narcisismo de vida, narcisismo de morte* (C. Berliner, Trad.). São Paulo: Escuta.

Green, A. (1996). *La metapsicología revisitada* (I. Agoff, Trad.). Buenos Aires: Eudeba.

Hornstein, L. (2003). Amor sin fronteras. In H. Lerner (Comp.), *Psicoanálisis: cambios y permanencias* (pp. 91-107). Buenos Aires: Libros del Zorzal.

Hornstein, L. (2008). *As depressões: afetos e humores do viver* (R. Faria, Trad.). São Paulo: Via Lettera.

Hornstein, L. (2012). Prólogo. In E. G. Moraes, & M. M. K. Macedo (Orgs.). *Vivencia de indiferencia: del trauma al acto-dolor* (pp. 9-14). Buenos Aires: Psicolibro.

Kegler, P., & Macedo, M. M. K. (2016). Narrativas do excesso: a potencialidade da palavra em psicanálise. *Tempo Psicanalítico, 48*(1), 171-190.

Maia, M. (2003). *Extremos da alma: dor e trauma na atualidade e clínica psicanalítica.* Rio de Janeiro: Garamond.

Moraes, E. G., & Macedo, M. M. K. (2011). *Vivência de indiferença*: do trauma ao ato-dor. São Paulo: Casa do Psicólogo.

Plath, S. (1959). Electra on Azalea Path. In S. Plath, *The Collected Poems.* EPub Edition [Kindle].

Rocha, Z. (2011). A dor física e psíquica na metapsicologia freudiana. *Revista Mal-Estar e Subjetividade, 11*(2), 591-621.

Uchitel, M. (2001). *Neurose traumática: uma revisão do conceito de trauma.* São Paulo: Casa do Psicólogo.

12. Quando o brincar perde sua função de transicionalidade: reflexões acerca do impacto da violência na constituição psíquica[1]

Silvia Abu-Jamra Zornig

Tradução: Pedro Henrique Bernardes Rondon

Abordar a questão da violência social que observamos na vida cotidiana de famílias e crianças que vivem nas favelas do Rio de Janeiro representa verdadeiro desafio. Como articular a prática psicanalítica que dá prioridade à dimensão singular da vida psíquica, com a precariedade social que caracteriza a vida dessas famílias? Como evitar um discurso reducionista que vitimiza as pessoas, ou pior ainda, que as considera sujeitos da necessidade e não do desejo? Como pôr em prática dispositivos clínicos que valorizam as estratégias de sobrevivência psíquica que podem parecer inadequadas àqueles que não fazem parte dessa situação-limite?

Na clínica universitária acompanhamos famílias, crianças e adolescentes de uma das maiores comunidades pobres do Rio de Janeiro, que vêm procurar-nos em busca de terapias individuais ou familiares por causa de diversas sintomatologias. O serviço clínico dá prioridade à população pobre, e procura ao mesmo tempo

---

1 Publicado em Anne Brun e René Roussillon (dir.), *Jeu et médiations thérapeutiques: Évaluer et construire les dispositifs de soin psychique*. Paris: Dunod, 2020. Tradução autorizada pela autora.

oferecer estágios profissionalizantes aos psicólogos em formação e difundir a aplicação do método psicanalítico à precariedade social – e, com frequência, também familiar – vivida por essas crianças e esses adolescentes.

É necessário distinguir as ideias de pobreza, de precariedade humana e de precariedade social a fim de poder apresentar minha argumentação. Como Furtos (2012) indica, a pobreza é designada arbitrariamente por uma cultura determinada, o que não obrigatoriamente impede a experiência de reconhecimento e pertinência a um grupo social. A noção de precariedade pode ser pensada conforme dupla vertente: como parte da constituição humana, na figura da dependência absoluta do recém-nascido ante adultos fundamentais que se ocupam dele, e igualmente como ligada à noção de exclusão social que coloca o sujeito em situação de risco. Essa noção mina sua confiança em relação ao laço social e, ao fazê-lo, retira deste a possibilidade de se projetar no futuro.

Na condição de psicanalista, concebo meu trabalho de pesquisa clínica em torno da reflexão sobre a constituição psíquica e a função dos objetos primordiais na construção da subjetividade. As obras de René Roussillon, Anne Brun, Sylvain Missonier e Bernard Golse, para citar alguns colegas franceses, me estimulam cada vez mais a articular as moções pulsionais da criança à importância do ambiente na constituição do psiquismo infantil.

Todavia, a clínica dedicada a crianças submetidas diariamente a uma situação de guerra declarada entre um Estado ausente – no que concerne aos serviços básicos a essa população – e o poder paralelo do tráfico de drogas nas favelas impõe uma reflexão acerca dos impactos traumatizantes e sobre os sintomas apresentados por grande número dessas crianças. Recebemos crianças de 2 a 5 anos de idade, que têm dificuldade de acesso à linguagem, apresentam inibição cognitiva e afetiva, sofrem de distúrbios somáticos, têm comportamento agressivo; aquelas que fazem do "brincar" um uso que inverte a noção winnicottiana de transicionalidade, visto que o jogo parece ter para elas uma função de imitação quase idêntica à realidade traumática, sem o mínimo efeito de alívio ou de relação simbólica.

Sendo assim, parece-me essencial pensar o lugar do psicanalista nesse ambiente de exclusão e abandono social onde estão inseridos essas crianças e esses adolescentes, e como recuperar, a partir de dispositivos clínicos, as condições psíquicas que permitam uma apropriação subjetiva ante o efeito disruptivo da violência do outro.

Sempre existe o risco, ao trabalhar em situações de precariedade social, de cair na armadilha de propor intervenções em nome do bem-estar do sujeito e de uma normalização, ou então de ficar aprisionado por uma identificação projetiva que provoca sensação de impotência e resignação e paralisa o trabalho de pensar e sonhar do próprio analista. Entretanto, parece-me fundamental sustentar o paradoxo e reconhecer a situação de não assistência à qual esses sujeitos estão submetidos socialmente, a fim de refletir acerca da função de uma prática psicanalítica mais ampla como forma de resistência à atmosfera de conformismo que se instaura nesses casos (Milman & Bezerra Jr., 2008).

Como psicanalista e membro de uma pesquisa internacional sobre o brincar, tenho observado como as crianças com situações de vida potencialmente traumatizantes precisam inicialmente ser acompanhadas por psicanalista que ocupe a posição de "brincar de não brincar", como primeira etapa da observação e da aceitação de um isolamento primário que lhes permita brincar com suas sensações, antes de se empenhar num jogo intersubjetivo. A "posição de passividade ativa do analista", retomando uma expressão de R. Roussillon (1991), que ocupa o lugar de "brincar de não brincar" é fundamental para que a criança possa explorar o contexto analítico sem se sentir invadida nem ameaçada, e possa reconhecer no analista um objeto que "amortece" os efeitos disruptivos da descarga pulsional. Brincar de não brincar não quer dizer observar de maneira desvitalizada a atividade da criança, mas ocupar a posição de testemunha, de presença em reserva (Figueiredo, 2007), permitindo que a transicionalidade comece a se instaurar entre a destruição do objeto e sua criação.

Vamos lembrar aqui o exemplo *princeps* de Winnicott. Refere-se a uma criancinha de 13 meses que sofria de gastroenterite, foi hospitalizada quando tinha 6 meses e começou a apresentar diversas convulsões por dia quando tinha 13 meses. Winnicott destaca que o exame clínico não revelou nenhum sinal de doença orgânica e inicia as consultas terapêuticas com a bebê colocando-a em seu colo. O autor descreve como a criancinha primeiro morde os dedos dele com força, ao mesmo tempo que joga a espátula no chão. A partir da posição do analista que suporta esse "amor cruel" ou essa agressividade exploratória, mas não intencional, ela começou a "ter prazer em brincar", e passou da ação de morder/destruir o objeto, ao jogo de lhe mordiscar a mão, explorando seu próprio corpo e o ambiente (Winnicott, 1978, p. 74).

Esse fragmento clínico introduz a questão que vou propor, quanto ao impacto da violência ambiental e pulsional na constituição psíquica, porquanto mostra como a posição do analista (nesse caso, Winnicott 1990) permite à criança passar da violência de sua descarga pulsional (vômitos, gastroenterite, convulsões, choros incessantes) a um jogo autossensorial que restaura sua curiosidade por aquilo que a cerca e restabelece a exploração agradável de seu próprio corpo.

Atualmente, a clínica de crianças pequenas (entre 2 e 4 anos)[2] nos mostra manifestações sintomáticas, como a hiperatividade, as dificuldades de aquisição da linguagem e os quadros de evitação do contato, que podem ser prematuramente diagnosticados como pertencentes ao espectro autista. Ora, o processo analítico mostra que muitas vezes esses sintomas são ligados às excessivas descontinuidades nas relações iniciais, que abandonam a criança a suas moções pulsionais, sem que o objeto consiga cumprir seu papel de apoio e contenção (Ciccone, 2011; Golse, 2013; Guerra, 2015, 2018; Kupfer et al., 2010; Zornig & Aragão, 2010).

Lembremos o excelente trabalho de Spitz que descreve os casos de depressão anaclítica da primeira infância, ligados à privação do investimento afetivo do objeto primordial num momento da vida em que a função desse objeto é exatamente a de fornecer ao bebê a experiência de continuidade temporal e afetiva; e a concepção de Green acerca daquilo que chama de "complexo da mãe morta" que se refere a uma depressão que tem lugar em presença do objeto, quando a tristeza da mãe e a diminuição de seu interesse por seu bebê aparecem no primeiro plano (Green, 1988; Spitz, 1946).

Pesquisas recentes mostram que os sintomas depressivos observados por ocasião da primeira infância parecem ser reação contra as rupturas ou descontinuidades afetivas graves, que fazem com que o bebê fique desvitalizado, desorganizado e se torne pouco a pouco indiferente às pessoas próximas (Anzieu-Premmereur et al., 2003; Crespin, 2004). Como Golse afirma, a depressão no bebê não obedece à mesma metapsicologia de um conflito intrapsíquico na clínica de adultos, mas se refere a uma baixa de tensão, uma baixa do tônus corporal, isto é, a uma angústia vivida no corpo em

2 O Brasil adota a definição de primeira infância proposta pela Organização Mundial da Saúde – de 0 a 5 anos de idade, isto é, até que tenha 6 anos (Ministério da Saúde, recuperado de: www.saude.gov.br).

seguida à impossibilidade de se sentir representado pelo objeto primordial (Golse, 2002; Zornig, 2015).

Quando o brincar perde sua função de transicionalidade...

Convém estabelecer aqui uma distinção entre uma clínica da primeira infância – em que o trabalho analítico repousa antes de tudo na possibilidade de intervenção na relação entre os pais e a criança, procurando impedir que a criança responda com seu corpo ao mal-estar provocado em sua relação com seus outros fundamentais (Zornig, 2006, 2008b); e uma clínica depois do estabelecimento do recalcamento primário – quando a criança pode assumir uma posição diante de sua história, mesmo ancorada na função simbólica exercida pela função paterna (Zornig, 2008a, 2008b).

Portanto, na clínica das crianças pequenas, podemos pensar no trauma como uma ruptura da "camada protetora ou paraexcitação" (Freud, 1920/1976), função atribuída ao outro primordial do bebê, seja em relação a um perigo exterior ou a um perigo interior; enquanto na da infância propriamente dita, a questão traumática é justamente ligada à capacidade de a criança passar à repetição e à elaboração, o que só é possível se ela passa da posição de vítima à de sujeito em relação ao acontecimento traumático.

Essa é a distinção que orienta este texto e se articula aos trabalhos desenvolvidos por muitos autores contemporâneos acerca do brincar sensório-motor na clínica da primeira infância, mostrando o quanto o discurso mimo-gestual-postural da criança – por todas as sutilezas da posição corporal, da musicalidade da voz, da atividade motora e do olhar – é uma primeira forma de associatividade e não deve ser interpretado como uma "deficiência" em relação à associação verbal. Para esses autores, as mediações terapêuticas (como a pintura, a água, a argila, a música) estimulam um jogo sensorial que permite que experiências primitivas, e com frequência catastróficas, possam ser vividas pela criança sem reatualização traumática, e favorecem o acesso aos processos de simbolização (Brun, 2010; Konichekis, 2018).

No contexto clínico, é muito difícil para as crianças de quem cuidamos se empenhar em jogos intersubjetivos; elas são extremamente sensíveis ao mínimo movimento, que interpretam como intrusivos, da parte do psicanalista. Além disso, é particularmente importante discutir o estatuto do brincar nessa clínica que apoia a inação (a não ação), visto que a hipótese que vamos desenvolver neste trabalho é que as moções pulsionais da criança só podem ser vividas com prazer se a exigência de trabalho psíquico que lhe é imposta não ultrapassar sua capacidade de ligação (Roussillon, 2008a; Zornig, 2019).

Reflexões acerca da violência ambiental e pulsional

Anna Freud e Dorothy Burlingham (1965) escreveram um livro intitulado *War and children*, no qual relatam as observações clínicas que fizeram nas "*nursery*" de guerra que dirigiram na Inglaterra durante a Segunda Guerra Mundial. Suas revelações a propósito da maneira como as crianças compreendiam o que significa a guerra e como reagiam aos bombardeios, à destruição e à morte, conservaram toda sua atualidade.

A primeira observação remete ao equívoco que consiste em pensar que as crianças expostas aos horrores da guerra terão traumas semelhantes às neuroses de guerra ou às neuroses traumáticas dos adultos. Anna Freud afirma que muitas crianças inglesas não sofreram choque traumático pelo fato de terem estado com seus pais ou em família durante os bombardeios. Nesses casos, mesmo angustiadas pela situação externa, conseguiram manter seu interesse pelas atividades cotidianas e ter prazer no brincar em sua dimensão de espaço potencial. Essa observação, que é corroborada por Ferenczi, Winnicott, Balint e Bion, para citar apenas algumas referências psicanalíticas clássicas acerca da importância das relações intersubjetivas no início da subjetivação, mostra bem o quanto a angústia da criança é muito mais ligada à ameaça de perda ou da separação do objeto primordial que a uma reação contra um perigo externo.

A segunda observação que nos interessa se refere à agressividade e às fantasias destrutivas das crianças de menos de 4 anos de idade. Anna Freud destaca que, no início da vida, a criança se serve do objeto sem se preocupar com os efeitos de sua agressividade nem com o mal que pode fazer ao outro, confirmando a contribuição de Winnicott que denomina "amor cruel" a agressividade do início da vida. Anna Freud afirma que a guerra, por seus múltiplos exemplos de destruição, estimula a agressividade sem preocupação da criança, visto que o mundo exterior, em vez de oferecer possibilidades de sublimação e de fusão entre pulsões agressivas e eróticas, proporciona a ela apenas a confirmação da indiferença em relação ao semelhante.

> *A criança luta durante os primeiros anos de sua vida contra o desejo de se livrar daqueles que a incomodam, que a frustram, ou que contrariam seus sentimentos infantis. É muito difícil lutar contra seu próprio desejo de exterminação assistindo diariamente a um espetáculo de sangue e de morte (Freud & Burlingham, 1965, p. 20. Traduzido pela autora).*

Nesse sentido a criança deveria ser poupada dos horrores primitivos da guerra, não porque a morte e as atrocidades sejam estrangeiras ao psiquismo infantil, mas exatamente pelo fato de estarem ligadas a suas fantasias arcaicas de violência e destruição.

Podemos aproximar essa observação à noção de violência fundamental incessante entre a demanda pulsional de satisfação e as exigências da civilização, e não correr o risco de clivar o indivíduo do social. Bergeret sugere pensar a violência primária como força vital, necessária à sobrevivência do sujeito num momento em que este é ameaçado pelo objeto. Esse autor destaca que não se trata de uma agressão intencional, uma vez que a intenção não é fazer o objeto sofrer, mas simplesmente sobreviver a ele, e, nesse sentido, a violência fundamental está colocada do lado das pulsões de autoconservação e de vida. É necessário dominar o objeto para não correr o risco de ficar sujeito a uma situação de dependência absoluta: as fantasias arcaicas observadas nas crianças pequenas, mas também em seus objetos primordiais – fantasias de matricídio e de infanticídio –, demonstram esse perigo.

Não obstante, o poder desse ímpeto vital só pode surgir a partir de sua integração à libido, e poderíamos acrescentar que essa integração só tem lugar a partir da função simbolizante do objeto e/ou de um ambiente afetivo "suficientemente bom". Entretanto, assim como Anna Freud chama atenção e como vemos na clínica universitária, o problema se instala quando "um espetáculo de sangue e de morte" é oferecido diariamente nas guerras tanto quanto na falta absoluta de assistência social, vividas por essas crianças e essas famílias.

A terceira e última observação dessa autora trata das angústias provocadas pela situação de guerra. Anna Freud parece basear-se na discussão de seu pai a propósito da diferença entre angústia real e angústia neurótica durante a infância, e aponta que as angústias infantis de desamparo, de separação, de perda do amor do outro, o medo edipiano da vingança do objeto por causa de seus desejos incestuosos se reflete na experiência da guerra.

Voltando rapidamente às indicações freudianas a propósito da angústia e do trauma do nascimento (Freud, 1976/1926), podemos dizer que a angústia como reação originária ligada ao desamparo estrutural do ser humano surge a partir de um perigo interno ou de uma ameaça externa. Se a angústia consegue apontar ao ego a situação de perigo, este pode invocar mecanismos de defesa apropriados, capazes de evitar ou de minimizar o desamparo. Todavia, se a criança não consegue ligar a intensidade pulsional a representações simbólicas, ocorre um transbordamento pulsional que é percebido como um ataque interno, uma autointoxicação. As crianças chamadas hiperativas demonstram a que ponto a intensidade de suas ações e de seus movimentos reflete as dificuldades do objeto primordial quanto a exercer suas funções de contenção e de apoio, o que pode resultar numa experiência de desamparo para ambos.

O fragmento de um caso clínico de uma criança de 2 anos de idade que inicia um processo analítico porque não tem acesso à linguagem verbal pode nos ajudar a refletir acerca da relação entre o sujeito e o papel do objeto primordial bem no início da subjetivação.

> *Quando encontro Henrique, vejo um menino desenvolvido para sua idade, muito atraente e simpático, que olha de um jeito furtivo, mas que entra como um furacão na sala de atendimento. Ele dá a volta à sala, pega diversos brinquedos, parece não conseguir se fixar sobre um único objeto. Sua mãe o repreende, diz-lhe que pare, tenta distraí-lo, mas é inútil. Tenho a impressão de assistir a uma situação totalmente caótica. A mãe grita, sua voz é aguda, mas suas palavras não mostram nenhum conteúdo afetivo ou emocional, o que me faz desejar que*

> *ela pare de falar. Fico estupefata com seu discurso. Esse atordoamento que me impede de refletir parece mostrar a dimensão de excesso que caracteriza a relação mãe-filho: excesso de um discurso vazio de conteúdo por parte da mãe e excesso de ação da parte do filho, que parece não ser capaz de parar, de pensar e falar.*

Ogden (1994, p. 131), referindo-se à noção bioniana de continente-conteúdo, destaca a importância do "estado de *rêverie*" da mãe para ser capaz de "utilizá-la ao sonhar sua própria experiência". A incapacidade materna de estar disponível e de sonhar remete o bebê a seus pensamentos não elaborados, desprovidos de sentido, e provoca uma angústia indescritível que ataca sua própria faculdade de pensar. Desse ponto de vista, como Ogden afirma, o objetivo da análise não consiste em resolver o conflito inconsciente, mas em amplificar o continente-conteúdo ou, em outros termos, em desenvolver a capacidade de pensar e sonhar.

O caso de Henrique é paradigmático; nós o reencontramos em diversas crianças na clínica, as quais, por sua produção de caos no ambiente, revelam para nós uma experiência de vazio e desolação, como se a relação especular com o objeto materno não conseguisse devolver à criança a potência de sua capacidade de criar o mundo. Retomando as palavras de Ogden, o cerne da ilusão é o sentimento do bebê de que o objeto não poderia ser de outro modo. Isso quer dizer: "o bebê começa a se ver refletido no mundo que criou" (Ogden, 1994, p. 166, tradução livre).

Quando o objeto não consegue exercer a função de despertar a pulsionalidade do bebê, o mundo perde seu interesse e a curiosidade infantil é gravemente atingida. A indiferença e a apatia surgem então como estratégias de denegação para a sobrevivência. Anne Alvarez (2012) indica que brincar significa passar da questão acerca daquilo que o objeto é capaz de fazer, para se perguntar: o que é que eu posso fazer com esse objeto? Como é que vou poder transformá-lo? Ora, essa pergunta só pode ser feita se a preconcepção da experiência com o objeto se realizar por ocasião de um encontro satisfatório, mesmo reconhecendo que esse encontro, esse jogo intersubjetivo, é precário, dinâmico, imperfeito e maleável.

Dentro dessa perspectiva, a experiência traumática está ligada à ausência de resposta da parte do objeto e à sua incapacidade de se deixar destruir para poder sobreviver e ser encontrado.

Traços do negativo na clínica: o surgimento da simbolização[3]

Ciro tem 5 anos quando a escola encaminha a mãe para que procure atendimento psicológico para seu filho. Na carta de encaminhamento a coordenadora pedagógica relata que o menino é violento e põe a si e aos colegas em risco. Violência é um significante presente em toda a história do menino, desde as entrevistas com a mãe até as brincadeiras que apresenta em análise. Falaremos brevemente sobre a história de Ciro mas focaremos uma sessão específica em que acreditamos que o que estava em jogo era uma expressão do brincar negativo.

Nas entrevistas a sra. M. conta toda a sua história a partir dos homens de sua vida, marcadamente violentos. Seu pai era alcoólatra e morreu quando ela era muito pequena, de maneira que ela nem se lembra direito dele, mas diz que, pelo que sua mãe conta, ele era "muito mau". A mãe logo se casou com outro homem, que também bebia e era muito violento com ela, com os irmãos e com a mãe. A

3 Caso clínico acompanhado na clínica universitária pela psicanalista Fernanda Furieri Paes.

sra. M. saiu de casa bem nova, quando contou à mãe que um tio (irmão da mãe) havia tentado molestá-la e não recebeu nenhum acolhimento por parte da mãe, que não acreditou nela.

Continua contando uma vida de extremo sofrimento por causa dos homens, mas agora não mais os homens de sua mãe, mas os seus: veio de Minas Gerais para o Rio de Janeiro e conheceu o pai de sua primeira filha, hoje com 17 anos; o qual a abandonou grávida. Ficou sozinha com a filha, "dormindo num papelão, no chão da casa dos outros". Em seguida conheceu seu segundo marido, pai de sua segunda filha, hoje com 11 anos, e de Ciro, filho mais novo, de 5 anos.

Depois de falar sobre a série de homens de sua vida, a sra. M. pôde começar a falar de Ciro: "Ele é impossível", diz. Acrescenta que quando leva o filho à escola ele já avisa: "Vou fazer bagunça". Ela ordena que não faça, mas ele insiste em dizer que vai fazer, e realmente faz. Então ela perde o controle e bate muito nele, espanca-o. Diz que sabe que está errada, mas não consegue se controlar.

Nessas entrevistas preliminares pode-se perceber como a violência permeia toda a narrativa da mãe de Ciro. É a violência de suas relações que motivou as mudanças de sua vida, a violência do filho e a dela com o filho, que levaram a uma demanda de análise.

Na primeira sessão em que Ciro comparece, após um grande número de entrevistas com a mãe, os dois entram na sala juntos a pedido da analista e, na dinâmica que os dois apresentam naquele momento, pode-se perceber a grande irritação e brutalidade que a mãe demonstra a qualquer movimento do menino: quando ele bate os pés no chão, faz alguma pergunta à analista ou pede para ver os brinquedos da sala.

Nas sessões seguintes, Ciro passa a entrar sozinho; explora a caixa de brinquedos, manipula os objetos sem parecer perceber a presença da analista na sala. Um dia, resolve usar as tintas e passa a repetir sempre a mesma ação: derrama todo o conteúdo de cada um dos potes de tinta em cima do papel e começa a misturá-las. Ele pinta toda a mesa e as bordas do papel somem naquela confusão de tinta, fato que o menino parece nem perceber, até o dia em que a analista pergunta onde está o papel, ao que ele responde: "não tem papel". A analista garante que o papel está lá e propõe que procurem juntos. Com a ajuda de uma caneta, os dois, Ciro e a analista, conseguem "pescar" o papel – para prazer do menino, que dá grandes gargalhadas. A analista chama a atenção para a mesa: está toda pintada, com exceção do lugar onde estava o papel. O contorno do papel estava lá.

Pensamos essa atividade como metáfora de um momento inaugural na análise dessa criança, momento em que o enquadre analítico pode começar a se estabelecer a partir da percepção de um espaço em branco no que antes parecia a total indiferenciação. Isso nos faz pensar nos percalços na construção de uma estrutura enquadrante para essa criança a partir da ideia de um objeto primário ameaçador. A mãe de Ciro, como dissemos, só pode começar a falar de seu filho a partir da violência. A sucessão de homens violentos com os quais se relacionou em sua vida, desde seu nascimento, parece ser condição para a possibilidade de incluir essa criança em uma narrativa. A referência ao elemento terceiro aqui é mediada não pelo desejo, mas pelo horror, pela ameaça.

A posição da analista, de um acompanhamento não intrusivo e sua aceitação da indiferença de Ciro à sua presença, parece ter sido fundamental para que a brincadeira de misturar tinta e papel, sujeito e objeto tivesse início, mas permitindo um espaço de ausência em presença do objeto – abertura para a simbolização. Não tem papel – não tem objeto, diz a criança –, enquanto a analista afirma um juízo de existência: o objeto está lá, mas nós dois precisamos construí-lo e encontrá-lo – juntos, para aceitar que ele se apague.

Violência e clínica psicanalítica

A violência fundamental faz parte da constituição psíquica, seja pela contribuição de Bergeret (2014) ao pensá-la como um instinto de sobrevivência arcaico, que tem como objetivo a autoconservação, mesmo que por meio da destruição do objeto; assim como pela noção de uma exterioridade que inaugura o psiquismo do infante, como postulam Laplanche (1992) com a noção de posição antropológica fundamental) e Aulagnier (1979) (ao propor a violência necessária do discurso materno que antecipa um sujeito no bebê).

Se aproximarmos o conceito de Bergeret à noção de agressividade primária e de amor cruel proposta por Winnicott, será preciso acrescentar um elemento essencial que diz respeito à posição do objeto, pois a potência da violência só pode surgir se o objeto aceita ser explorado sem concernimento e, nesse sentido, aceita ser destruído, sobrevivendo à violência/amor cruel do sujeito. Como indica Roussillon (1991, p. 173), se o objeto sobrevive à violência fundamental, "ele será descoberto como objeto externo e poderá assim coexistir com o sujeito".

Sobreviver à violência fundamental aponta para a posição ética do analista nesse contexto de precariedade social, de resistir à tentação de vitimizar a criança, reconhecendo o seu sofrimento e sua dor, mas mantendo a aposta de implicá-la como sujeito de sua história e, nessa perspectiva, exercer uma prática de resistência ao conformismo e à indiferença do meio social às vicissitudes experimentadas por essa população.

Em escritos anteriores trabalhamos com a noção de Ferenczi de progressão traumática para argumentar que as crianças que crescem nesse ambiente de guerra civil, desenvolvem estratégias de subjetivação de um amadurecimento precoce – como o *bebê sábio* proposto pelo autor –, mas que tais estratégias são positivas porque protegem o sujeito da experiência de desamparo e da angústia automática, por transbordamento pulsional (Vieira & Zornig, 2015).

Nessa comunicação enfatizei a expressão paradoxal: brincar de não brincar para marcar o lugar do analista como presença em reserva (Figueiredo, 2007), como anteparo à descarga pulsional da criança, para transformar o excesso pulsional em pulsação rítmica, a vivência de vazio em ausência investida pela presença em potencial.

Dar lugar à violência primária na clínica significa reconhecer seu potencial de impulso de vida e de criatividade, desde que o analista possa sobreviver à destruição. Significa também reconhecer a dimensão de isolamento no contexto analítico que pressupõe a aceitação do recuo do sujeito ao seu "santuário pessoal", às experiências sensoriais autogeradas, para descansar da imprevisibilidade dos encontros humanos (Ogden, 1996).

Nessa perspectiva, o processo analítico, como "um jogo que subjetiva a história", é uma aposta no potencial criativo do sujeito, desde que se entenda a criatividade como a capacidade de se sentir vivo e de poder transformar o mundo de uma maneira própria e singular.

Conclusão

A relação entre o brincar e o processo analítico foi magistralmente desenvolvida por Winnicott a partir da noção de transicionalidade, situando o brincar num lugar intermediário, num espaço potencial entre realidade interna e realidade externa. A questão do paradoxo está presente na contribuição teórico-clínica do autor, uma vez que questiona a tradição cartesiana da certeza e das categorias de exclusão e propõe o apoio da simultaneidade em dois sentidos: a realidade interna e a realidade externa (Roussillon, 2008b, Winnicott, 1975, 1978).

Nessa perspectiva e num primeiro tempo, pensar o reconhecimento da necessidade de evitação e de isolamento como uma cena mimo-gestual-postural apresentada ao analista (que deve observar, mas sem interagir) parece-me fundamental para favorecer o investimento positivo da ausência (ausência como presença em potencial – Green, 1988) e permitir que os jogos típicos da infância se envolvam.

As crianças que recebemos e que nos olham com olhos aterrorizados têm necessidade de algum tempo de relaxamento e de não integração na situação analítica para terem acesso ao processo de ilusão e de mutualidade. Brincar de não brincar é, talvez, uma metáfora interessante para ilustrar esse primeiro tempo: poder viver a experiência de se encontrar diante de um outro que permite que a criança se retire num mundo de sensações autogeradas, em presença de um objeto que exerce sua função de testemunha ou, em outros termos, a função de paraexcitação (Paes & Zornig, 2018; Zornig, 2019).

Lembremos que, para Winnicott (1983), o contrário da integração não é a desintegração, mas sim a não integração, que pressupõe um estado de relaxamento em que a criança não sente necessidade de integração, visto que a função materna de eu auxiliar, de *holding*, parece fazer parte dele. Quanto à desintegração, é definida pelo autor como defesa que se produz na ausência da função materna de proteção e de *holding*. Mas apresenta uma única vantagem: estar no território da onipotência do sujeito e ser tomada por uma produção vinda dele e não do ambiente. Isto é, fora de seu controle onipotente (Winnicott, 1994).

Gostaríamos que essa articulação nos ajudasse a compreender melhor o lugar ocupado pelo brincar no campo teórico-clínico atual da psicanálise de crianças, a partir da dimensão paradoxal do brincar como colocação em ato de experiências de isolamento que podem começar a ser vividas e transformadas na situação analítica.

Referências

Alvarez, A. (2012). *The thinking heart*. London: Routledge.

Anzieu-Premmereur, C., et al. (Orgs.). (2003). *Les pratiques psychanalytiques auprès des bébés*. Paris: Dunod.

Aulagnier, P. (1979). *A violência da interpretação: do pictograma ao enunciado*. Rio de Janeiro: Imago.

Bergeret, J. (2014). *La violence fundamentale*. Paris : Dunod.

Bion, W. (1978). *Seven Servants*. London: Jason Aronson.

Brun, A. (2010). *Médiations thérapeutiques et psychose infantile*. Paris: Dunod.

Ciccone, A. (2011). *La psychanalyse à l'épreuve du bébé*. Paris: Dunod.

Crespin, G. (2004). *A clínica precoce: O nascimento do humano*. São Paulo: Casa do Psicólogo.

Figueiredo, L. C. (2007). A metapsicologia do cuidado. Psyché, São Paulo, Vol. 11, no. 21, p. 13-30.

Freud, A., Burlingham, D. (1965). *War and Children*. New York: International University Press.

Freud, S. (1976). Além do princípio do prazer. In S. Freud, *Edição Standard Brasileira das Obras Completas de Sigmund Freud* (Vol. XVIII). Rio de Janeiro: Imago. (Trabalho original publicado em 1920).

Freud, S, (1976). Inibição, sintoma e angústia. In: S. Freud, *Edição Standard Brasileira das Obras Completas de Sigmund Freud*. (Vol.

XX). Rio de Janeiro: Imago (trabalho original publicado em 1926/1925).

Furtos, J. (2012). La clinique psychosocial et la souffrance d'exclusion comme paradigmes des situations extrêmes. In: Estellon, V., Marty, F. (ed.) *Cliniques de l'Extreme*. Paris: Armand Colin.

Golse, B. (2002). Depressão do Bebê, Depressão da Mãe, Conceito de Psiquiatria Perinatal. In: L. Corrêa Filho, M. H. Corrêa Girade, & P. França (Orgs.), *Novos Olhares sobre a Gestação e a Criança até 3 anos: Saúde Perinatal, Educação e Desenvolvimento do Bebê* (pp.232-249). Brasília: L.G.E.

Golse, B. (2003). *Sobre a Psicoterapia Pais-Bebê: narratividade, filiação e transmissão*. São Paulo: Casa do Psicólogo.

Golse, B. (2013). *Mon combat pour les enfants autistes*. Paris: Odile Jacob.

Green, A. (1988). A mãe morta. In A. Green, *Sobre a loucura pessoal* (C. Pavanelli, Trad., pp. 148-178). Rio de Janeiro: Imago.

Guerra, V. (2015). El ritmo y la ley materna en la subjetivación y en la clínica infantil. *Revsta APU,* Montevideo, 120.

Guerra, V. (2018). Formas de (des)subjetivação infantil em tempos de aceleração: os transtornos da subjetivação arcaica. In R. Aragão, & S. Zornig (Orgs.). *Continuidade e descontinuidade no processo de subjetivação do bebê* (pp. 165-193). São Paulo: Escuta.

Konicheckis, A. (2018). Subjetivação e sensorialidade: os embriões do sentido. In R. Aragão, & S. Zornig (Orgs.).*Continuidade e descontinuidade no processo de subjetivação do bebê* (pp. 75-95). São Paulo: Escuta.

Kupfer, M. C. et al. (2010). Predictive value of clinical risk indicators in child development: final results of a study based on psychoanalytic theory. *Revista Latinoamericana da Psicopatologia Fundamental*, São Paulo, *13*(1), 20-30.

Laplanche, J. (1992). *Novos fundamentos para a psicanálise*. São Paulo: Martins Fontes.

Milman, L., Bezerra Jr., B. (2008). *A casa da árvore: uma experiência inovadora na atenção à infância*. Rio de Janeiro: Garamond.

Ogden, T. (1994). *Os sujeitos da psicanálise*. São Paulo: Casa do Psicólogo.

Paes, F. F., & Zornig, S. (2018). O brincar negativo na teoria de André Green. *Cadernos de Psicanálise*, Rio de Janeiro, *40*(39), 147-163.

Roussillon, R. (1991). *Paradoxes et situations limites de lapsychanalyse*. Paris: PUF.

Roussillon, R. (2008a). *Le jeu et l'entre-je(u)*. Paris: PUF.

Roussillon, R. (2008b). *Le transitionnel, le sexuel et la réflexivité*. Paris: Dunod.

Spitz, R. (1946). Anacliticdepression. *Psycho-Anal., Study of the Child*, *2*, 12-25.

Vieira, A. C., Zornig, S. (2015). Ambiente violento, infância perdida? *Revista Latinoamericana de Psicopatologia Fundamental*. Vol. 18, p. 88-102.

Winnicott, D. W. (1975). Objetos transicionais e fenômenos transicionais. In D. W. Winnicott, *O brincar e a realidade* (pp.13-44). Rio de Janeiro: Imago. (Trabalho original publicado em 1953).

Winnicott, D. W. (1983). Comunicação e não comunicação levando ao estudo de certos opostos. In D. W. Winnicott, *O ambiente e os processos de maturação: estudos sobre a teoria do desenvolvimento emocional* (pp. 163-174). Porto Alegre: Artmed.

Winnicott, D. W. (1990). *Natureza Humana*. Rio de Janeiro: Imago.

Winnicott, D. W. (1994). O medo do colapso. In D. W. Winnicott, *Psicanalíticas* (pp. 70-76). Porto Alegre: Artmed.

Winnicott, D. (1978). *Da Pediatria à Psicanálise*. Rio de Janeiro: Francisco Alves.

Zornig, S. (2006). Clínica da intervenção precoce: sobre a origem e o originário. In R. Melgaço (Org.), *A ética na atenção ao bebê: psicanálise, saúde, educação*. São Paulo: Casa do Psicólogo.

Zornig, S. (2008a). A corporeidade na clínica: algumas observações sobre a clínica dos primórdios. *Tempo Psicanalítico*, Rio de Janeiro, *40*, 30-40.

Zornig, S. (2008b). *A criança e o infantil em psicanálise* (2ª ed.). São Paulo: Escuta.

Zornig, S. (2015). Clínica dos primórdios e processos de simbolização primários. *Psicologia Clínica*, *2*(27), 121-137.

Zornig, S. (2019). L'isolement personnel comme une forme de jouer avec la solitude. *Revista Latinoamericana de Psicopatologia Fundamental*. Vol. 22(4) Oct- Dez. 2019. p. 768-781.

Zornig, S., & Aragão, R. (2010). Clínica da relação pais-bebê: Novos paradigmas para a psicanálise? In S. Zornig, & R. Aragão (Orgs.), *Nascimento: antes e depois. Cuidados em Rede*. Curitiba: Honoris Causa.

Sobre os autores

Cristiano Dal Forno

Psicólogo clínico; mestre e doutor em Psicologia (Pontifícia Universidade Católica do Rio Grande do Sul/PUCRS); professor adjunto e membro da Comissão Coordenadora do curso de Psicologia da Escola de Ciências da Saúde e da Vida da PUCRS.
E-mail: cristiano.forno@pucrs.br

Daniel Kupermann

Psicanalista; professor do departamento de Psicologia Clínica do Instituto de Psicologia da Universidade de São Paulo (USP); pesquisador do CNPq; presidente do Grupo Brasileiro de Pesquisas Sándor Ferenczi e autor, dentre outros, de *Por que Ferenczi?*, *Transferências cruzadas: uma história da psicanálise e suas instituições* (publicados pela editora Zagodoni), e *Ousar rir: humor, criação e psicanálise* (Artes & Ecos).
E-mail: danielkupermann@gmail.com

Diana Borschiver Adesse

Psicóloga clínica; mestre e doutora pelo Programa de Pós-graduação em Teoria Psicanalítica da Universidade Federal do Rio de Janeiro – UFRJ (com bolsa CAPES). Tese de doutorado: *Maternidade e trauma: da loucura materna ordinária à extraordinária.*
E-mail: dianaborschiver@gmail.com

Flávio Ferraz

Livre-docente pelo Instituto de Psicologia da Universidade de São Paulo; membro dos departamentos de Psicanálise e de Psicossomática Psicanalítica do Instituto Sedes Sapientiae (São Paulo); professor do curso de Psicanálise desse mesmo instituto.
E-mail: ferrazfc@uol.com.br

François Marty

Psicólogo; Psicanalista; professor emérito da *Université Paris Cité*, França – Centro de Pesquisa em Psicologia Clínica, Psicopatologia e Psicanálise, *F-92100 Boulogne-Billancourt*; vice-presidente do *Collège International de L'Adolescence* (CILA); autor e organizador de vários livros, entre eles (coorganizado com Vincent Estellon), *Clinique de l'extrême* (Campagne Première).
E-mail: fmarty2004@yahoo.fr

François Pommier

Psiquiatra; Psicanalista; membro associado da SPF; professor de Psicopatologia. Corresponsável pela equipe de pesquisa em Psicopatologia psicanalítica do Programa de Pós-graduação Clipsyd; presidente do Centro de Escolas de Doutorado da *Université Paris Nanterre*, França; autor de numerosos artigos, entre eles "O

extremo em psicanálise". Organizou o livro *La folie ordinaire* (*Campagne Première*, 2018).
E-mail: francoispommier75@gmail.com

Joel Birman

Psicanalista; membro efetivo do Espaço Brasileiro de Estudos Psicanalíticos e do *Espace Analytique* (França); professor titular do Instituto de Psicologia da UFRJ; professor e pesquisador do Programa de Pós-graduação em Teoria Psicanalítica da UFRJ; diretor do Estudos em Letra Ciências Humanas, Universidade Paris VII; pesquisador do CNPq. Autor de diversos livros e artigos.
E-mail: joelbirman@uol.com.br

Marta Rezende Cardoso

Psicanalista; doutora em Psicanálise e Psicopatologia Fundamental pela Universidade de Paris; professora titular do Instituto de Psicologia da UFRJ – Programa de Pós-graduação em Teoria Psicanalítica; membro da Associação Universitária de Pesquisa em Psicopatologia Fundamental. Pesquisadora do CNPq; autora e organizadora de diversos livros, entre eles *Excesso e trauma* (Appris).
E-mail: rezendecardoso@ig.com.br

Mônica Kother Macedo

Psicanalista; doutora em Psicologia; professora no Programa de Pós-graduação Psicanálise: Clínica e Cultura, da Universidade Federal do Rio Grande do Sul (UFRGS); membro do Grupo Brasileiro de Pesquisa Sándor Ferenczi (GBPSF) e da *International Sándor Ferenczi Network*. Bolsista produtividade em pesquisa do CNPq – Nível 1D.
E-mail: monicakothermacedo@gmail.com

Natália de Oliveira de Paula Cidade

Doutora em Psicologia Clínica pela Pontifícia Universidade Católica do Rio de Janeiro (PUC-Rio); Psicóloga Clínica do Núcleo de Saúde Mental da Policlínica Piquet Carneiro (Universidade do Estado do Rio de Janeiro – UERJ); pós-doutoranda do Programa de Pós-graduação em Psicologia Clínica da PUC-Rio.
E-mail: nataliaopcidade@gmail.com

Rita de Cássia dos Santos Canabarro

Psicóloga Clínica pela Universidade Federal do Rio Grande do Sul (UFRGS); mestre em Psicologia Social e Institucional (UFRGS).
E-mail: canabarro.rita@gmail.com

Silvia Abu-Jamra Zornig

Psicanalista da Sociedade de Psicanálise Iracy Doyle, professora associada do Programa de Pós-graduação em Psicologia Clínica da PUC-Rio; coordenadora do curso de Especialização em Psicologia Clínica com Crianças da PUC-Rio; membro fundadora da Associação Brasileira de Estudos sobre o Bebê; membro da Associação Universitária de Pesquisa em Psicopatologia Fundamental.
E-mail: silvia.zornig@gmail.com

Vincent Estellon

Professor de Psicopatologia Clínica da *Université Paris-Cité*, França – Centro de Pesquisa em Psicanálise, Medicina e Sociedade (CRPMS); Psicanalista; especialista em Psicodrama; autor e organizador de vários livros, entre eles, em coorganização com François Marty, *Clinique de l'extrême* (Campagne première).
E-mail: estellonvincent@gmail.com

Série Psicanálise Contemporânea

Adoecimentos psíquicos e estratégias de cura: matrizes e modelos em psicanálise, de Luís Claudio Figueiredo e Nelson Ernesto Coelho Junior

O brincar na clínica psicanalítica de crianças com autismo, de Talita Arruda Tavares

Budapeste, Viena e Wiesbaden: *o percurso do pensamento clínico-teórico de Sándor Ferenczi*, de Gustavo Dean-Gomes

Clínica da excitação: psicossomática e traumatismo, de Diana Tabacof

Do pensamento clínico ao paradigma contemporâneo: diálogos, de André Green e Fernando Urribarri

Do povo do nevoeiro: psicanálise dos casos difíceis, de Fátima Flórido Cesar

Em carne viva: abuso sexual de crianças e adolescentes, de Susana Toporosi

Escola, espaço de subjetivação: de Freud a Morin, de Esméria Rovai e Alcimar Lima

Expressão e linguagem: aspectos da teoria freudiana, de Janaina Namba

Fernando Pessoa e Freud: diálogos inquietantes, de Nelson da Silva Junior

O grão de areia no centro da pérola: sobre neuroses atuais, de Paulo Ritter e Flávio Ferraz

Heranças invisíveis do abandono afetivo: um estudo psicanalítico sobre as dimensões da experiência traumática, de Daniel Schor

Histórias recobridoras: quando o vivido não se transforma em experiência, de Tatiana Inglez-Mazzarella

A indisponibilidade sexual da mulher como queixa conjugal: a psicanálise de casal, o sexual e o intersubjetivo, de Sonia Thorstensen

Interculturalidade e vínculos familiares, de Lisette Weissmann

Janelas da psicanálise: transmissão, clínica, paternidade, mitos, arte, de Fernando Rocha

O lugar do gênero na psicanálise: metapsicologia, identidade, novas formas de subjetivação, de Felippe Lattanzio

Os lugares da psicanálise na clínica e na cultura, de Wilson Franco

Metapsicologia dos limites, de Camila Junqueira

Os muitos nomes de Silvana: contribuições clínico-políticas da psicanálise sobre mulheres negras, de Ana Paula Musatti-Braga

Nem sapo, nem princesa: terror e fascínio pelo feminino, de Cassandra Pereira França

Neurose e não neurose, 2. ed., de Marion Minerbo

A perlaboração da contratransferência: a alucinação do psicanalista como recurso das construções em análise, de Lizana Dallazen

Psicanálise de casal e família: uma introdução, com organização de Rosely Pennacchi e Sonia Thorstensen

Psicanálise e ciência: um debate necessário, de Paulo Beer

Psicossomática e teoria do corpo, de Christophe Dejours

Relações de objeto, de Decio Gurfinkel

Ressonâncias da clínica e da cultura: ensaios psicanalíticos, de Silvia Leonor Alonso

Sabina Spielrein: uma pioneira da psicanálise – Obras Completas, volume 1, 2. ed., com organização, textos e notas de Renata Udler Cromberg

Sabina Spielrein: uma pioneira da psicanálise – Obras Completas, volume 2, com organização, textos e notas de Renata Udler Cromberg

O ser sexual e seus outros: gênero, autorização e nomeação em Lacan, de Pedro Ambra

O tempo e os medos: a parábola das estátuas pensantes, de Maria Silvia de Mesquita Bolguese

Tempos de encontro: escrita, escuta, psicanálise, de Rubens M. Volich

Transferência e contratransferência, 2. ed., de Marion Minerbo

GRÁFICA PAYM
Tel. [11] 4392-3344
paym@graficapaym.com.br